Ånd, Sjel, og Kropp II

Fortellingen om den Åndelige Verden Ble Til Virkelighet i Verdensrommet!

Ånd, Sjel, og Kropp II

Dr. Jaerock Lee

Ånd, Sjel og Kropp II av Dr. Jaerock Lee
Utgitt av Urim Bøkene (Representant: Kyungtae Noh)
73, Yeouidaebang-ro 22-gil, Dongjak-gu, Seoul, Korea
www.urimbooks.com

ISBN: 979-11-263-0251-2 04230
ISBN: 979-11-263-0250-5 (set)

Først Utgitt Mars 2017

Redigert av Dr. Geumsun Vin
Utført av Urim Bøkenes Redigeringsbyrå
For mer informasjon henvend deg til: urimbook@hotmail.com

Forord

Fra den dagen jeg aksepterte Jesus Kristus og begynte å lese Bibelen, begynte jeg å be slik at jeg fullstendig kunne forstå Guds hjerte. Gud svarte meg etter sju år med mangfoldige bønner og faste perioder. Etter at jeg åpnet en kirke, forklarte Gud meg om mange vanskelige sitater i Bibelen gjennom inspirasjon ifra den Hellige Ånd, som er bare et av de detaljerte innholdene vedrørende 'Ånd, Sjel og Kropp'. Dette er den mystiske fortellingen som får oss til å forstå menneskenes opprinnelse og tillater oss å forstå oss selv. Dette er en beretning som jeg ikke hadde kunnet høre noe annet sted, og en glede som ligger langt utenfor noen som helst beskrivelse.

Når jeg forkynte disse budskapene om ånd, sjel og kropp, kom det mange vitnemål og svar ifra både Korea og utlandet. Det var mange som sa at de plutselig så seg selv, forstod hva slags menneske de var, og mottok svar på mange vanskelige sitater i Bibelen samtidig som de fikk en bedre forståelse på hvordan de kunne oppnå det sanne livet. Noen av disse menneskene sier at de nå gjerne vil bli et åndelig menneske og delta i Guds guddommelige natur, og de arbeider hardt om å bli et åndelig menneske og delta i Guds guddommelige natur og de strever med å oppnå det akkurat som det ble skrevet ned i Peters 2. brev 1:4, hvor det står, *"Slik har vi fått de største og mest dyrebare løfter. Ved dem skulle dere få del i guddommelig natur når dere har sluppet unna forfallet, som kommer fra lystene i verden."*

Sun Tzu's *The Art of War* sier at hvis du kjenner deg selv og din fiende, da vil du aldri tape noen kamper. Budskapene i "Ånden, Sjelen og Kroppen" viser hele oss 'selv' og de vil lære oss om menneskenes opprinnelse. Så fort vi fullstendig lærer og forstår dette budskapet, da kan vi også kunne forstå alle mennesker. Vi kan også lære måter å overvinne over de mørke maktene, de som har rammet oss, slik at vi kan leve veldig gode Kristelig liv.

Bind 2 av Ånd, Sjel og Kropp vil spesielt forklare deg om opprinnelsen av Gud Skaperen, det enorme åndelige verdensrommet, og lysets område hvor vår ånd vil oppholde seg. Det finnes store farge bilder som kan hjelpe deg med å bedre forstå Guds form og området. Så fort vi forstår hemmelighetene med områdene og blir et menneske med en fullstendig ånd, da kan vi gå utover de menneskelige grensene for å bruke Guds område, og vi kan til og med se Guds form. Deet er på grunn av dette at Jesus sa i Johannes 14:12, *"Sannelig, sannelig, sier Jeg dere, han som tror på Meg, og alt det Jeg gjør, vil også han gjøre; og han vil også gjøre større arbeider enn disse; fordi Jeg arbeider med Faderen."*

Jeg vil gjerne takke direktøren Geumsun Vin og alle de ansatte i redaktørbyrået. Jeg håper at leserne kan bli kvalifiserte til å komme inn til lysets område og erfare Guds vidunderlige sted gjennom denne boken.

Mars 2010,

Jaerock Lee

Begynnelsen på den Andre Veien mot Ånd, Sjel og Kropp

*"Må Han, fredens Gud, hellige dere helt igjennom,
og må deres ånd, sjel og kropp bli bevart uskadet,
så dere ikke kan klandres for noe når vår Herre Jesus Kristus kommer"*
(1. Tessalonikerne 5:23).

Cyberspace er i dag åpent for alle som har tilgang til Internett, men mennesker bruker det på forskjellige måter ifølge hvor mye kunnskap de har når det kommer til EDB maskiner og Internett. Vi kan på samme måte forstå de utrolige miraklene i Bibelen og erfare slike undere fra Gud i våre daglige liv i forhold til hvor mye vi forstår når det gjelder Guds område.

Bibelen forklarer oss om mange begivenheter hvor vi kan forstå verdensrommet til Gud. Når Steven ble drept ved at de kastet stein på ham, åpnet porten til Himmelen seg og han så Menneskesønnen stå på Guds høyre side (Apostlenes gjerninger 7:56). Dette var mulig fordi Gud hadde åpnet området i den fjerde himmelen. Peter ble fengslet mens han forkynte evangeliet, men han ble løslatt ved hjelp av englene. Apostelen Paulus hadde en liknende erfaring når han ble satt i fengsel i Filippi. Gud åpnet området i den tredje himmelen slik at han kunne sende en stor engel som kunne løsne lenkene og åpne portene.

Så fort vi kultiverer vårt hjerte med hele ånden, vil vi kunne bruke Guds område her på jorden og ingenting vil være umulig. Vi vil også i fremtiden kunne nyte det evige livet og velsignelsene fra det Nye Jerusalem. På den annen side må han/henne som ikke ennå har kommet inn til den fullstendige ånden, fullføre rettferdighetens målestokk for å kunne bruke Guds område. Denne boken er full av fortellinger som har blitt spredd ut i det uendelige åndelige riket.

Denne boken vil hjelpe leserne med å gjøre det følgende:

1. Det vil hjelpe dem å forstå Guds kjærlighet som delte opp områdene, dimensjonene, og lyset og mørket i Hans forsyn på menneskenes kultivasjon om å få sanne barn. Når vi aksepterer Jesus Kristus og handler i troen, da kan vi nyte rettighetene som lysets barn og komme inn til lysets vakre område.

2. Himmelen ligger i lysets område. Det er delt opp i mange oppholdssteder fra Paradiset til det Nye Jerusalem. Vi vil leve i Himmelen i perfekte himmelske kropper. Vi vil nyte det evige livet i Himmelen som er fylt med lykke og glede, og dette er Guds gave til oss.

3. Det er alene Guds makt som kan gjøre oss til Guds barn og med Guds likhet. Gjennom Guds makt kan vi gå inn i lysets vakre område og også erfare vidunderlige og mektige undere utenom menneskenes grenser her på jorden.

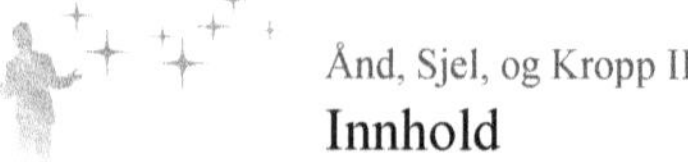

Innhold

Ånd, Sjel, og Kropp I

Innhold

Del 1

Den Enorme Plassen til det Åndelige Riket

Hva Skjedde i Himmelen Før Skapelsen?
Hvordan Ble Lyset og Mørkets Område Skapt?

"Det er dette budskapet som vi har hørt fra Ham
og som vi vil fortelle dere, og det er at Gud er Lyset,
og i Ham finnes det ikke noe mørket i det hele tatt."
- 1. Johannes 1:5

"Ham som sitter på den høyeste himmelen,
som kommer fra mange år tilbake;
Se, Han prater ut med Hans stemme, en mektig stemme."
- Salmenes bok 68:33

1. Kapittel

Møket og Lyset

Det finnes ikke bare lyset og mørket her i denne synlige verden,
men det finnes også områder med lys og mørkhet i den åndelige verden.
Hva er grunnen til at Gud tillot det mørke område å eksistere
og hvem er så mørkets hersker?

Når du var liten, sovnet du noen ganger mens du telte stjernene i himmelen? Jeg tror at det er mange av dere som har en slik hukommelse. Det finnes så mange stjerner som vi kan se med våre øyne, men det er massevis av stjerner som vi ikke kan se. Hvor stort er dette universet?

Selv under vitenskapens utvikling, har ikke mennesker kunne regne ut universets nøyaktige størrelse. Det er på grunn av at det er et uendelig åpent område. Planeter som Jorden kommer sammen og blir til et solsystem, og mange solsystemer og andre himmelske kropper kommer sammen til en galakse. Mangfoldige galakser vil så igjen formere en gruppe med galakser, og grupper med galakser vil formere mikrokosmos, og mikrokosmos danner det utmerkete universet.

Størrelsen på vårt solsystem i vår galakse kan bare bli sett som en ganske liten flekk. Denne galakse er også bare som en liten flekk i sammenligning med størrelsen på hele universet. Dette fysiske universet kan ikke alene bli målt med det mest avanserte vitenskapelige utstyret. Men i sammenligning med det åndelige området, er også dette en veldig liten del av det.

I tillegg til dette fysiske universet som vi selv kan se, finnes det et åndelig område som strekker seg endeløst i en annen dimensjon. Bibelen nevner mange "himler".

Femte Mosebok 10:14 sier, *"Se, himmelen, den høye himmelen, og jorden og alt som er på den, tilhører Herren din Gud,"* og Nehemja 9:6 sier, *"Du alene er HERREN. Du har skapt himmelen, den høye himmelen og hele dens hær, jorden og alt som er på den, havet og alt som er i det. Du holder liv i alle ting, og himmel hæren tilber Deg."*

Hvordan oppstod himmelen, og hva foregikk i disse himlene før denne verden ble skapt? La oss dra tilbake til tiden før denne verdens skapelse. Dette var før universet og galakse som vi kjenner til eksisterte. Universet da var ikke det samme som vårt univers i dag. Det var bare et stort sted uten noen form for skille mellom det åndelige området og det fysiske område.

Det Uendelige Åndelige Området og den Opprinnelige Gud

Det uendelige åndelige området refererer til hele det opprinnelige universet. Det var dette området som den opprinnelige Gud tok vare på før tidens begynnelse. Her refererer den 'opprinnelige Gud' til Ham som eksisterte som lyset og stemmen før skapelsen. Det opprinnelige universet refererer til universet hvor den opprinnelige Gud eksisterte alene.

Hva var Gud opprinnelige utseende? Se for deg vakre lys

som fyller det uendelige universet, og disse lysene hevet seg og strømmet inn som bølger. Akkurat som 1. Johannes 1:5 sier, *"Gud er selve Lyset,"* strekket Gud seg gjennom hele det opprinnelige universet i form av slike vakre lys.

'Polarlyset' hjelper oss å forstå denne formen til den opprinnelige Gud. Polarlysene kan bli sett på himmelen i nærheten av polarområdene. De har vanligvis vakre rød, blå, gule, lysegrønne, eller rosa farver. Det blir sagt at lysene er så vakre at de som har sett dem aldri kan glemme skjønnheten.

Romerne 1:20 sier, *"Hans usynlige vesen, både hans evige kraft og hans guddommelighet, har de fra verdens skapelse av kunnet se og erkjenne av hans gjerninger. Derfor har de ingen unnskyldning."* Gud har skapt slike lys som polarlysene slik at vi bedre kan forstå Guds opprinnelige utgivelse når vi tenker på den opprinnelige Gud.

Den opprinnelige Gud hadde et klart og rent men også majestetisk stemme i lysene som velvet seg in som bølger. Har du hørt de susende lydene når det blåser? I vinden som kommer ifra havet, kan du høre de stille lydene fra bølgene. På samme måte som lyden som kommer med vindene, kom stemmen kimende ut fra det opprinnelige lyset. Akkurat som lyden som blir ført av vinden, spredde den opprinnelige stemmen seg sammen med de opprinnelige lysene gjennom hele universet mens den samtidig omslynget den.

Men selv om du bare hører stemmen til Gud en gang, vil du aldri kunne glemme denne stemmen. Jeg har hørt den et par ganger, og den var veldig majestetisk, klar og ren. Dette betyr at den var veldig klar og mektig. Guds stemme er egentlig veldig klar og ren, søt, og også så majestetisk at den kan høres gjennom hele universet.

Johannes 1:1 sier, *"I begynnelsen kom Ordet, og Ordet hørte til Gud, og Ordet var Gud."* Ordet som fantes i begynnelsen var den opprinnelige stemmen som kom ifra det opprinnelige lyset. I verset ovenfor ble Gud nevnt som "Ordet" som er det indre, istedenfor Guds form, som er lyset. "Ordet" er innholdet, og "Gud" er navnet som har blitt gitt til dette innholdet. Så Guds innhold er "Ordet", og Hans tilstedeværelse var i utform av lysene og stemmen som fylte hele universet.

Gud Planla Menneskenes Kultivasjon

På et visst tidspunkt i den uendelige tiden, planla Gud som eksisterte alene den 'menneskelige kultivasjonen':

> *'Hva hvis det fantes et menneske som kjente til dette uendelige universet og Mitt Hjerte, og kunne dele kjærligheten med Meg? Hva hvis han kunne forstå og motta Mitt hjerte og følelser som jeg delte med ham, og han kunne tilbake gi sitt hjerte til Meg? Hvilken gledelig og lykkelig ting ville ikke dette være!'*

Gud ville gjerne hatt et annet menneske som Han kunne kommunikere med og dele alt i universet med. Gud ville gjerne hatt et annet menneske som Han kunne ha omgang med og dele alt i universet med. Gud laget en plan angående 'menneskelig kultivering' med et ønske om å begynne på et nytt arbeide for å kunne vinne Hans sanne barn.

Hva tror du at Gud gjorde først gjennom den menneskelige kultivasjonen? Gud eksisterte formelt som lyset som spredde seg over hele universet, men Han forenet ved høydepunktet av det åndelige riket og fikk så lysets form. Samtidig som Han ble til et lys, ble det også skapt forskjellige dimensjoner i "himmelrikene". Her er "himmelriket" det samme som rommet i universet. I begynnelsen fantes det bare et opprinnelig univers, men idet den opprinnelige Gud ble forenet som et lys, ble det skapt forskjellige steder i universet. Dette er på grunn av at i det lysene spredde seg gjennom hele universet og kom sammen og ble samlet på høydepunktet av det åndelige riket, ble det dannet steder ifølge lysets klarhet.

Før i tiden var lysets klarhet det samme overalt i det opprinnelige universet, men nå ble høydepunktet i det åndelige riket det klareste. Hvis du for eksempel setter 10,000 lys jevnt rundt om i gangen, da vil det være like lyst overalt i gangen. Men hva vil skje hvis vi setter et lys, som er like sterkt som 10,000 lys, i midten av gangen? Jo nærmere du befinner deg til midten av gangen jo lysere vil det være, og det samme gjelder idet avstanden øker. Det var på samme måte når det opprinnelige lyset ble til et lys. Forskjellige steder ble laget ifølge hvilken styrke lysene hadde i de forskjellige stedene.

Det opprinnelige lyset er det åndelige lyset, og ettersom lysets styrke forandret seg, forandret også ugjennomskinneligheten til den åndelige egenskapen seg. Det opprinnelige lyset ble til et lys, lysets styrke og ugjennomskinneligheten til ånden ble mindre idet avstanden fra den opprinnelige kilden ble større. Så det opprinnelige universet som før hadde eksistert som et rom ble delt opp i fire forskjellige univers ifølge lystes styrke og åndens gjennomskinnelighet. Gud kalte dem de første, andre, tredje, og de fjerde himlene.

Stedet hvor den Opprinnelige Gud oppholdt seg som et lys er et veldig spesielt sted som tilhører den fjerde himmelen. Lyste er derfor sterkest i den fjerde himmelen, og så er åndens gjennomskinnelighet. Den tredje himmelen har mindre lys og åndens er mindre gjennomskinnelig en den fjerde himmelen, og dette er også tilfelle med den andre himmelen. Det åndelige riket inneholder de andre til og med de fjerde himlene. Den første himmelen er det fysiske universet som vi kan se. Dette er universet hvor åndens egenskap nesten ble helt borte når Gud ble til et lys, og er derfor fylt med den kjødelige istedenfor den åndelige egenskapen.

Hvis du skjærer et sted i det fysiske verdensrommet opp i fire deler, da vil hver del være mindre enn det opprinnelige. Men dette er ikke tilfelle med det åndelige riket. Dette er fordi det ikke finnes noen grenser i det åndelige riket. Når det uendelige universet blir delt opp i fire, vil dette bli til fire uendelige univers. Så selv om det opprinnelige universet ble delt opp i fire himler, finnes det ingen grenser i noen av disse himlene. Det er ikke bare det Andre, Tredje eller den Fjerde Himmelen som ikke har noen grenser, men den Første himmelen har heller ingen grenser.

Gud skapte disse forskjellige himlene i forhold til hvordan de ble brukt. Gud separerte først den Første Himmelen for å lage et sted for den menneskelige kultivasjonen. Den Andre Himmelen ble laget for å få et sted for de mørke åndene som er nødvendig for den menneskelige kultivasjonen. Men det var også for Adam som ble skapt som en levende ånd. Den Tredje Himmelen ble dannet for å bygge det himmelske kongerike hvor den gode hveten som ble dannet gjennom den menneskelige kultivasjonen ville komme inn til. Og til slutt finner vi den Fjerde Himmelen som er stedet for Guds Treenighet. Det befinner seg i den samme dimensjonen som universet som før hadde vært det opprinnelige riket.

Når det opprinnelige riket først ble oppdelt i fire himler, fikk ikke disse fire himlene noe innhold. Men dette betyr ikke at de var fullstendig tomme. Det fantes mangfoldige stjerner i det opprinnelige universet. I den Første Himmelen, vår Jord, solsystemet, og vår galakse hadde ikke engang blitt skapt ennå. Himmelens kongerike hadde ikke ennå blitt skapt i den Tredje Himmelen. Dette var bare et passende sted for det himmelske kongerike. Etter at disse stedene ble delt opp, begynte Gud å fylle dem med Hans under og skapelse.

Den Opprinnelige Gud Ble Treenigheten

Etter at Gud ble til et lys, delte Han seg først opp i tre lys. Når en her sier at 'et lys blir delt opp til tre lys,' betyr ikke dette at en viss klump blir delt opp i tre deler. Det er heller som tre like lys som kommer ifra det opprinnelige lyset. Selv om det opprinnelige lyset blir delt opp i tre, er ikke disse separerte eller forskjellige, men de er det samme som den opprinnelige.

Det opprinnelige lyset hadde før eksistert som et, og de andre to lysene hadde akkurat blitt skapt. Etter at de ble til tre lys, fikk lysene en åndelig form som er i likhet med et menneske. De ble til Faderen, Sønnen, og den Hellige Ånd. Etter at den Opprinnelige Gud ble delt opp til Gud Treenigheten, fikk de hver deres egen åndelige kropp, som er litt forskjellig fra hverandre. Men åndene inne i de åndelige kroppene kom fra den samme opprinnelige Gud, så en kan kanskje si at Alle Tre har det samme hjerte, tankene, makten og visdommen.

Det er derfor vi refererer til Faderen, Sønnen, og den Hellige Ånd som Treenigheten. Gud Treenigheten skapte først tingene som var nødvendig for plassen hvor Gud oppholdt seg. Når Gud eksisterte alene som selve lyset og med stemmen som hadde trengt seg inn i Ham, trang Han ikke noe oppholdssted. Men siden Han nå hadde en form, måtte Han også ha et oppholdssted.

Når Gud Treenigheten oppholder seg i den Fjerde Himmelen, kan Han enten ha eller ikke ha en form. Han kan forandre Hans form akkurat som Han vil i den Fjerde Himmelen, og siden Han noen ganger vil ha en form, finnes det også et oppholdssted der. Gud vil alltid ha en form i den Tredje Himmelen som også huser kongens himmelrike, og Han skapte derfor et oppholdssted for Seg Selv. Gud begynte også å skape åndelige mennesker som ville tjene Ham.

Gud Skapte Englene og Basun Englene

Det finnes to slags åndelige skapninger som Gud skapte; og dette er "engler" og 'basun enger.' En engel ser nesten ut som et menneske med unntaket at de har vinger (Johannes' åpenbaring 14:6). Mennesker ble skapt for å likne Gud, og så ble englene (Markus 16:5). Det er bare det at engler likner på Guds utseende, men mennesker både har utseende og Guds hjerte.

Hva med størrelsen på englene? Det finnes engler som ligner mennesker. Men det finnes både veldig små engler og veldig store engler. Deres form og egenskap er i forhold til deres funksjoner.

Hvis det for eksempel er en engel som får en rolle som en hærfører, ville en mannlig engel være mer passende. For dansende og syngende engler, ville det være mer passende med en kvinnelig engel. Selvfølgelig betyr ikke dette at det ikke finnes noen mannlige engler som danser. Akkurat som det finnes menn som danser her i verden og de spiller hver deres rolle, finnes det engler som ligner menn. Men fordi om deres utseende eller deres egenskaper er mannlige eller kvinnlige betyr ikke dette at de forskjellige kjønn. Det betyr bare at deres utseende og deres oppførsel kan bli sett på som kvinnlig eller mannlig.

Engler tjener Gud og fullfører deres forpliktelser ifølge Guds orden. Det finnes mange slags forpliktelser, og det finnes mangfoldige engler.

Alle englene stod rundt tronen og de eldste og

de fire skapningene. De kastet seg ned for tronen med ansiktet mot jorden og tilba Gud (Johannes' åpenbaring 7:11).

Og jeg så en annen mektig engel stige ned fra himmelen. Han var svøpt i en sky og hadde regnbuen om hodet. Ansiktet var som solen og føttene som ildsøyler (Johannes' åpenbaring 10:1).

Er ikke alle englene ånder i Guds tjeneste, som sendes ut for å hjelpe dem som skal arve frelsen? (Hebreerne 1:14).

Blant dem finnes det andre engler som forkynner til Guds barn her på jorden, mens det finnes engler som gir en enestående forpliktelse gjennom det åndelige riket. Antall engler som blir gitt til hver troende vil være forskjellig i forhold til hvilken grad hver person har blitt frelst for å bli åndelige mennesker eller hele ånder. Hiarkiet iblandt englene har blitt satt og blir holdt nøyaktig ifølge det åndelige hiarkiet til deres herrer. Det finnes også engler som har blitt utnevnt til hver person samme om han er troende eller ikke. Dette er englene som skriver ned hvert eneste ord og gjerning til alle menneskene her på jorden.

Mens englene ligner mennesker, vil basunenglene ligne forskjellige dyr. De basunenglene som er forpliktet til å ledsage Gud, vil ligne forskjellige dyr som løve, ørn, og ku eller okse.

Salmenes bok 18:10 sier, *"han senket himmelen og steg ned med svarte skyer under sine føtter."*

Drager som mennesker tror er fantasi dyr, hadde før egentlig vært en av basunenglene. Dragen som Gud først skapte var veldig vakker og kjærlig, og var akkurat som et kjæledyr for Gud. Den hadde myk pels og hender og føtter, og dens forskjellige farver var vakrere enn noe en kan beskrive. Drager var basunenglenes overhode og hadde stor makt og myndighet. De hadde mangfoldige budbringere som de styrte.

Blant basunenglene finner en de 'fire levende skapninger'. De likner en solid masse med mørkefarvet stål. De fire levende skapningene bringer katastrofer og straffer fra Guds befaling. De viser Guds myndighet og ydmykhet. De har et hode, men fire ansikter som er ansiktene til et menneske, en løve, en kalv, og en ørn. De viser seg som om det er fire personer som står med ryggen til innsiden og ansiktene imot utsiden. I midten er det en flamme som går opp og ned. Hele kroppen deres er full av øyner og de kikker på alt.

Når Gud skapte englene og basunenglene, ga Han dem ikke fri vilje som menneskene fikk. De ville bare adlyde Gud ifølge deres rangordning. Selv i dag styrer Gud over hele universet gjennom disse englene og basunenglene.

Det Åndelige Riket er Godt Organisert og Systematisk.

Bibelen nevner også om de himmelske vertene og

basunenglene. Lukas 2:13 sier, *"Med ett var englene omgitt av en himmelsk hærskare, som lovpriste Gud og sang."* Den himmelske verten er den himmelske hæren.

1. Tessalonikerne 4:16 sier også, *"For når befalingen lyder, når basunenglene roper og Guds basun høres, da skal Herren selv stige ned fra himmelen, og de døde i kristus skal stå opp først."* Det faktum at det finnes basunengler sier oss at det er orden i englenes verden.

Basunenglene sjekker alt og handler som Guds hender, føtter, øyne og ører. De får også befalinger og rapporterer direkte til Gud. Under disse basunenglene som er akkurat som prester, finnes det mangfoldige engler som støtter dem. Disse basunenglene styrer ikke alle englene under seg; de har andre lede engler som leder en viss gruppe engler. I dette systemet er alle raportene feilfrie så fort de får en ordre og den blir gitt på riktig måte. Selv om det finnes mange steg, blir denne prosessen utført med det samme.

Gud kan styre over hver eneste person her på jorden mens Han sitter på Hans trone takket være engelenes roller. Og selvfølgelig er Gud den allmektige og Han kan selv sjekke alt på egen hånd. Men uansett rapporterer englene hva de ser til Gud og sjekker det direkte. På denne måten vil ikke englene bare bli journalister, men også vitner til deres egne rapporter. Dette viser mye mer rettferdighet angående Guds dømmekraft, når Han dømmer noe.

Vi kan for eksempel snakke om straffen som skjedde med

Sodom og Gomorrah. 1. Mosebok 19:1 sier, *"Nå kom de to engelene til Sodom på kvelden."* Gud sendte Hans engler for å sjekke en gang til før Han straffet Sodom og Gomorrah. Og menneskene der var veldig opprørske. Det vil si at de prøvde å til og med skade disse englene. Til slutt straffet Gud Sodom og Gomorrah med ild.

Noen av de mest kjente basunenglene er Gabriel og Michael. Gabriel er en budbringer som virker som om han gir spesiell avsløring eller ord ifra Gud. Han er stor og opphøyet og har på seg en kappe med store armer som kan innholde Guds avsløring. Akkurat som en prest som gir kongens ordre har et symbol, har også Gabriel en kappe på seg som har et mønster med et kongelig segl.

Basunengelen Michael er akkurat som hærføreren, og han har ydmyke øyne. Han har på seg en panserkledd drakt, og har et belte rundt livet sitt som kan holde mange slags våpen på innsiden. Å ha våpen i det åndelige riket betyr at Gud har gitt ham myndigheten til å kjempe åndelige kamper. Forskjellige slags symboliske våpen vil bli brukt avhengig av hvor voldsom kampen er.

Det finnes også to basunengler. De har kvinnelig utseende og stor makt og myndighet. De smiler vanligvis ikke. Hvis de viser seg vil det også vanligvis oppstå under ifra Gud samtidig. De er så høye at hvis de står på en bygning med høyt tak, vil du bare kunne se kanten av kappen deres. Vi kan ikke måle hvor høye de er, for det åndelige riket har et fullstendig annerledes begrep når det kommer til måleenhet enn den fysiske verden.

Tre Basunengler Som Direkte Tilhører Gud

I tillegg til alle disse englene, skapte Gud noen engler under Hans direkte kontrol som ville personlig forkynne til Ham. Dette var de tre basunenglene inkludert Lusifer. De hadde den samme stillingen og verdigheten som de andre basunenglene, men de hadde også en veldig spesiell myndighet.

Generelt sagt fikk ikke åndelige skapninger fri vilje. De kunne bare uten noen betingelse adlyde Gud. Men for de tre basunenglene som direkte tilhørte Gud, ga Gud dem under et unntak menneskelighet og fri vilje som er noe som bare mennesker kan ha. Gud ga dem menneskelighet og fikk dem til å dele deres kjærlighet med Ham selv om de ikke kan bli nøyaktig som Guds barn som vanligvis skjer gjennom menneskelig kultivasjon. Gud tillot dem å tjene Ham gjennom deres hjerte og dele deres lykkelige og gledelige følelser med Ham gjennom deres frie vilje.

De tre basunenglene hadde kvinnelig utseende, og de hadde behagelige, ydmyke og gode hejrter. Ordene som kom ut ifra munnen deres var fylt med god aroma, og deres oppførsel var veldig elegant. Men de hadde hver litt forskjellig karakter. Lusifer hadde en sterkere karakter enn de andre to. Lusifer var sjefen for musikken, og hun tilfredsstilte Gud med vakker musikk og musikk instrumenter. Gud var veldig begeistret for hennes lovprisning og elsket henne veldig mye.

Gud viste meg Lusifer en gang. Hun hadde på seg en stor

og flott kjole som var dekorert med vakre edelstener. Håret hennes var prydet med smykker som hang ned og som var i perfekt harmoni med hennes lyse hår. Hun spilte på et nydelig musikk instrument. Den kimende lyden av edelsteiner og lyden av lovprisning blandet seg sammen og spredde seg ut som den blåsende vinden. Lyden gikk opp til Gud og det var veldig vakkert.

Men samtidig som hun elsket Gud veldig mye og nøt stor makt i lang tid, begynte hennes arroganse og vokse. Når hun så alt det som Gud gjorde og Hans store myndighet når Han styrte hele det åndelige riket, ble hun misunnelig. Arrogansen vokste så mye i henne at hun trodde til slutt hun kunne bli bedre enn Gud. Til slutt la hun en plan om å løfte seg selv høyere opp enn Gud og begynte å samle hennes krefter.

Lusifer hadde en slik stor makt at hun først begynte gjennom hennes myndighet å samle englene sammen til henne. Sammen med mange engler lurte hun også dragene og mange av basunenglene som de hadde ledelsen over. Hun lurte dem ved å gjøre som om hun hadde en hemmelig oppdrag for Gud.

Lusifers Mislykkede Opprør

Gud kjente godt til Lusifers sinn og ga henne en sjanse til å omvende seg. Han fortalte henne om konsekvensene angående opprør for å prøve å få henne til å se virkeligheten. Men hennes arroganse hadde allerede satt seg i hennes sinn, så hun omvendte seg ikke. Lusifer gjorde opprør imot Gud og tapte. Hun ble drevet ut sammen med de åndelige skapningene som hadde fulgt henne, og ble så begrenset til området Abyss, eller "avgrunnen" som det også blir kalt.

Esaias 14:12-15 forklarer om opprøret og Lusifers tap og endresultatet:

> *Å at du er falt fra himmelen, du morgenstjerne, morgenrødens sønn! At du er slengt til jorden, du som seiret over folkeslag! Det var du som sa med deg selv: "Til himmelen vil jeg stige opp; høyt over Guds stjerner reiser jeg min trone. Jeg tar plass på tingfjellet lengst i nord. Jeg vil stige opp over de høye skyer og gjøre meg lik Den Høyeste." Nei, til dødsrike er du støtt ned, Lengst ned i den dype hulen.*

Bibelen nevner også englene som fulgte Lusifer. 2. Peter 2:4 sier, *"For Gud skånte ikke engler som hadde syndet, men styrte dem ned i avgrunnen, hvor de holdes i varetekt med mørkets lenker til dommen…."* Judas' brev 1:6 sier også, *"Og de englene som ikke tok vare på sitt høye verv, men forlot sin egen bolig, dem holder Han bundet i mørket med evige lenker til dommen på den store dagen…"*

1. Mosebok 1:2 prater også om hva som skjedde i det åndelige riket før skapelsen her i verden. Det står, *"Jorden var øde og tom, og mørket lå over havdypet. Men guds Ånd svevet over vannet."*

Dette verset har både åndelige og materielle meninger. Det

uttaler om det som skjedde i det åndelige riket og også de tingene som skjedde i den materialistiske verden.

Og åndelig si at "verden ikke hadde noen form" vil si at den åndelige orden hadde for et øyeblikk blitt forstyrret på grunn av Lusifers opprør. 'Jorden' symboliserer 'den mørke verden som Lusifer styrte'. Siden Lusifer og de skapningene som fulgte henne brøt ned Guds faste system, sies det derfor at jorden ikke hadde noen form. Det sies også at jorden var "ugyldig". Dette viser Guds hjerte etter at Han ble bedratt av Lusifer som Han hadde elsket veldig høyt.

Men opprøret ble ganske fort undertrykket og de onde åndene ble stengt inne i Abyss, den dypeste delen av Helvete. Dette blir fortalt i frasen, "mørket lå over havdypet." Gud brakte orden og fred tilbake ved å sette mørkets makt i Abyss, og dette blir forklart i frasen, "Guds Ånd svevet over vannet."

Gud Skapte Jorden i Den Første Himmelen

Når Jorden først ble skapt, var ikke forholdene de samme som de er i dag. Det fantes seismisk aktivitet, vulkano utbrudd, og flytrtelse av Jordens plater og skorper. Det fantes også mange slags aktiviteter i atmosfæren.

Denne ustabile tilstanden på Jorden blir forklart i uttrykket, "... jorden var formløs og ugyldig." Deretter sier verset, "... mørket lå over havdypet." Dette betyr at når Jorden først ble skapt, fantes det ikke noen sol, måne, eller andre stjerner i galaksiet, og Jorden var derfor helt mørk. Når Gud fylte Jorden med de nødvendige tingene, brukte Han alt Han hadde av krefter. Akkurat som en far som bygger og fyller huset sitt for hans familie med all omhyggelighet, tok Han imot hele Jorden og fullførte Hans jordlige skapelse.

Denne prosessen kan bli forklart i uttrykket, "Guds Ånd svevet over vannet." På dette tidspunktet kom selve Gud ned til Jorden. Han søkte etter hva Jorden trengte og hvordan Han kunne lage disse tingene over hele verden. Bibelen sier at Guds Ånd svevet over vannet.' Dette forteller oss at Jorden en gang har vært fullstendig dekket av vann. Akkurat som et spedbarn som vokser opp i fostervannet i livmoren, var Jorden dekket med vann i lang tid helt til skapelsens sjette dag skjedde her på Jorden.

Så hvor kom dette vannet som dekket hele Jorden ifra? Dette vannet var livets vann som fløt ut ifra Guds trone. Gud skapte livets vann når Han skapte det uendelige åndelige riket, og Han brakte dette vannet til Jorden. Grunnen til at Han dekket denne Jorden med livets vann var for å skape et godt miljø slik at alle de levende skapningene kan i fremtiden leve på denne Jorden.

Vi kan ikke finne noen annen planet som er like full av vann som Jorden i solsystemet. Vi har faktisk ikke funnet noen annen planet som har nok vann til å forsørge liv. Dette er på grunn av at Gud bare brakte livets vann til Jorden og skapte det grunnleggende miljøet hvor de levende tingene kunne fortsette livene deres.

Når Gud dekket Jorden med livets vann, ville Han at alle

mennesker skulle Guds evige liv. Han ville at alle menneskene som skulle leve på Jorden skulle bli sanne barn med rene og ekte hjerter akkurat som livets vann.

Guds Forsyn Med Oppdelingen av Lyset og Mørket

Gud begynte til slutt med skapelsen av Hans første dag. 1. Mosebok 1:3-4 sier, "*Da sa Gud, 'La det bli lys'; og så ble det lys. Gud så at lyset var godt; og Gud separerte lyset ifra mørket.*" Gud sa, "La det bli lys." Lyset som vi her prater om er det åndelige lyset og det er lyset som skinner ifra Guds trone. Det har Guds makt og guddommelighet. Gud dekket Jorden med dette lyset og etablerte Jordens grunnlag slik at det ville få en form og at det ikke vil bli annulert, men for at det ville fungere på en ordentlig og systematisk måte.

Da står det i 1. Mosebok 1:4-5, *"Gud så at lyset var godt; og Gud separerte lyset ifra mørket. Gud kalte lyset, dag, og mørket kalte Han, natten. Og det ble også en dag til kveld og morgen."* Ved å få lyset til å eksistere, måtte det bli etablert en grunnleggende orden og regler her på Jorden, og selv om det ikke var noen sol eller måne, ble den styrt som om solen og månen eksisterte. Dagen og natte på Jorden ble med andre ord ikke laget av solen og månen. Orden og regelen i henhold til dagen og natten hadde allered blitt etablert av Gud og solen og månen ble skapt senere for å regulere dagen og natten.

Separasjonen av dagen og natte har en viktigere åndelig mening enn den fysiske separasjonen. Det betyr at Guds skapelse den første dagen løslot Lusifer og noen av de andre falne englene fra Abyss og riket hvor de onde åndene ble skapt. Gud visste at de trengte det åndelige lyets og mørket for den menneskelige kultivasjonen akkurat som alt her på Jorden går på grunn av dagen og nattens kretsløp. Han planla alt før tidens begynnelse, og når tiden var klar, ga Han Lusifer som hadde bedratt Gud, myndigheten til å lage hennes egne regler for mørket.

Men dette betyr ikke at Han ga henne den samme myndigheten som Gud har, Han som er Herren og Eieren av det uendelige universet. Han lot henne beholde hennes åndelige skapelse og ordenen og systemet i de onde åndenes verden eksklusivt for menneskenes kultivasjon, slik at den menneskelige kultivasjonen kunne bli utført rettferdig og innenfor rettferdigheten. Lusifer som var mørkets leder hadde før tilhørt lyset, men hun hadde kommet seg ut av det og ble uhederlig. Hun holder seg fremdeles under Guds fullstendige makt og myndighet.

Gud Ga Mørkets Rom Adgang til den Andre Himmelen

1. Mosebok 1:6-8 sier, *"Da sa Gud, 'Det skal bli en hvelving midt i vannet, og den skal skille vann fra vann!' Og slik ble det. Gud gjorde himmelhvelvingen og skilte vannet som er under hvelvingen, fra vannet som er over den. Gud kalte hvelvingen himmel. Og det ble kveld og det ble morgen, andre dag."*

Med livets vann som fløt ut ifra tronen til Gud, stabiliserte Gud Jorden som var åstedet for menneskenes kultivasjon. Så laget Han de utstrakte viddene. De utstrakte viddene her på Jorden refererer til atmosfæren som hadde blitt laget. Gud separerte så vannet som dekket Jorden inn til vannet under viddene og det over viddene.

Vannet under viddene er vannet som ble igjen her på Jorden. Den tredje dagen av skapelsen ble vannet samlet på et sted for å lage havet, og dette ble så kilden til å danne andre vannmasser som elver og innsjøer her på Jorden. Vannet ovenfor jordoverflaten ble brukt for meteorologiske fenomen som for eksempel formasjon av skyer og regn, men den viktigste delen av dette vannet var Edens Have.

Når Bibelen sier "viddene" refererer den ikke bare til den himmelen som vi ser. I 1. Mosebok 1. verset sies det at alt det som Gud skapte i løpet av de seks dagene var "godt", det vil si med unntagelse av den andre dagen. Gud kunngjorde ikke den andre dagen som "god". Grunnen er at Gud tillot at mørket ble dannet den andre dagen i den andre himmelen fro de onde åndene, for de skulle få 'makten av luften' og skulle senere bli brukt i den menneskelige kultivasjons prosess.

Efeserne 2:2 sier, *"... og lot dere lede av herskeren i himmelrommet, den ånd som nå er virksom i de ulydige."* Dette sier oss at mørkets rom hvor de onde åndene oppholder seg er "luften". Dette er stedet som ligger like ved siden av og øst for Edens Have. Dette er hvor de onde åndene vil oppholde seg helt til den menneskelige kultivasjonen er ferdig.

Og selvfølgelig ligger også Edens Have i den andre himmelen

så vel som stedet for den Sju-År lange Bryllupsfesten som blir holdt etter at den menneskelige kultivasjonen er ferdig. Men siden det mørke stedet hvor de onde åndene ville styre ble dannet, sa ikke Gud at dette var "godt" den andre dagen.

Verden med De Onde Åndene

Før hun ble mørkets leder hadde Lusifer sett og lært mange ting siden hun hadde vært så nære Gud Faderen. Hun så hvordan Gud styrte over det uendelige åndelige stedet gjennom engler og basunengler, og når hun dannet verden med de onde åndene, styrte hun det på samme måte som Gud gjorde det. Hun etablerte to måter å gi befalinger på for å kunne styre den mørke verdenen. Den ene er rekken med befaling for dragene og deres engler og denne ordren er ordren til Satan og djevlene.

Først ga Lusifer dragene en praktisk myndighet i likhet med hærførere og organiserte englene under deres styre for så å støtte deres arbeide. De fire dragene som har 'makten av luften' kontrollerer mørkets menn for at de kan få deres forkynnelse. Dragene sprer seg inn til idolstedene som får mennesker til å tilbe dem.

Lusifer styrer alt 'bak kulissene' mens hun arbeider gjennom Satan. Satan kontrollerer menneskenes usanne tanker og har det samme hjerte og tanker som Lusifer. Satan har ikke en fast form, den virker som mørk røyk. Av denne grunnen vil de som mottar Satans arbeide ha noe i likhet med en mørk sky rundt ansiktet deres. Den mørke skyen dekker hele kroppen til enkelte menneskers fra topp til tå.

Og det er djevelens arbeid som hisser opp mennesker slik at de går fra tankegang til handling. Noen av de falne englene ble løslatt og opptrer som djevler. Djevelen gjør det motsatte av det englene gjør, og har på seg bare sorte klær.

Når en person gjør noe ondt fordi djevelen har egget ham opp til det, til og med når han gir hele sitt hjerte, da vil demonen til slutt seire over ham. Demoner er onde ånder, men de er ikke åndelige skapninger som englene som Gud skapte. De hadde en gang vært mennesker som levde her på jorden. Noen av menneskene som døde uten å bli frelst ble satt inn i denne verden i spesielle tilfeller og vil virke som hjelpemidler for de onde åndene.

Verdenen med de onde åndene ble skapt gjennom Lusifer som lederen, og de forstyrrer Guds arbeid. Deres anstrengelse er bestemt for å lede bare en ekstra sjel imot veien til Helvete. Grunnen til at Gud ga Lusifer og de onde åndene mørkets makt er for å kunne få sanne barn gjennom den menneskelige kultivasjonen. Sanne barn er de som lever i Lyset og sannheten og som ligner Gud. De tror på Gud, Frelseren Jesus Kristus, og elsker og adlyder Gud av egen fri vilje.

Verden med de onde åndene kan bli sett på som i likhet med en bonde som strør gjødningsmiddel på hans åker. Kemisk gjødningsmiddel er virkningskrefter som er litt giftige og som er skadelige for mennesker hvis de spiser det. Men hvis det blir strødd på avlingen, vil det også hjelpe til med å få en god avling. Det er litt på samme måte når det kommer til Lusifers gjerninger og de onde åndene som står opp imot Gud og som leder Guds barn imot synden. Vi vil kunne se gjennom en klar sammenligning hvor skittent mørket er og hvor vakkert Lyset er. Da vil vi bare lengte mer og mer etter Lyset og ønske om å bli Lysets barn. På denne måten hjelper Lusifer og de onde åndene Gud med den menneskelige kultivasjonen.

Gud ga menneskene valget gjennom fri vilje slik at de selv kunne velge mellom lyset og mørket. Gud oppholder seg i lyset og det er naturlig for de som elsker Gud og gjerne ville holde seg i Lyset og dermed også nærmere Gud. Det er gjennom denne prosessen at Gud mottar sanne barn. Denne prosessen er den menneskelige kultivasjonen. Gud er det virkelige Lyset og de som kommer ifra mørket og inn til Lyset vil begynne å ligne Gud. Det er disse menneskene som kan sies å være Guds sanne barn. De lever sammen med Herren i all evighet i lysets verdensrom. De vil nyte all den lykke og ære som Gud vil gi dem i all evighet.

Områder med Lys og Mørket Eksistere Side Om Side i den Andre Himmelen

Lysets verdensrom vil bli styrt av Gud. Lysets rom inkluderer Edens Have i det andre himmelrike, den tredje himmelen som huser himmelens kongerike, og den fjerde himmelen som er Guds opprinnelig område.

I den andre himmelen eksisterer lysets og mørkets område

sammen. Akkurats om det ble forklart ovenfor separerte Gud lyset og mørket den første dagen av Hans skapelse. Lusifer og de onde åndene ble løslatt den første dagen, og de ble så boende i det mørke området i den andre himmelen fra skapelsens andre dag av. Gud har tillat dem å bli i dette mørke området i den andre himmelen i løpet av den menneskelige kultivasjonen.

Så hva slags plasser finnes det i lysets område i den andre himmelen?

En av dem er stedet for den Sju-År lange Bryllupsfesten som Herren har laget i stand. De frelsede sjelene, som er frukten fra menneskenes kultivasjon vil være med på denne Festmiddagen en gang i fremtiden. 1. Tessalonikerne 4:17 sier, *"Deretter skal vi som er igjen og som ennå lever, bli rykket bort sammen med dem i skyene for å møte Herren i luften. Og så skal vi være sammen med Herren for alltid."* 'Luften' i dette verset er plassen i Lysets område i den andre himmelen.

Det andre stedet i lysets område er Edens Have. Mange mennesker tror at haven var her på Jorden. Så noen av dem søkte etter Israel og andre deler av Midt Østen. Men det er hittil ingen som har funnet noen spor av Edens Have. Dette er på grnn av at Edens Have ikke ble laget her på Jorden, men i den andre himmelen som ligger i det åndelige riket.

Gud skapte det første menneske, Adam, her på Jorden og styrte ham senere inn i Edens Have. Dette er fordi Adam kom fra støvet på bakken, men han var ikke et fysisk menneske. 1.

Mosebok 2:7 sier, *"Da laget Gud menneske ifra støvet på bakken, og pustet livets ånde inn i hans nesebor; og mannen ble så et levende menneske."* Adam ble et levende menneske, en levende ånd, på grunn av livets ånde ifra Gud. Den fysiske plassen var ikke passende for Adam som var et åndelig menneske, men Edens Have som var et åndelig sted og som lå i den andre himmelen var passende for ham.

Edens Have er en åndelig verden, men det er forskjellig fra himmelens kongerike i den tredje himmelen. Dette er en åndelig verden, men hvis disse menneskene kommer ned hit til Jorden, da kan vi se og røre ved dem. Miljøet i Edens Have ligner Jordens, men plantene og dyrene vil aldri dø eller råtne siden det er et åndelig rike. Det er fullstendig rent og ekte og det naturlige miljøet har blitt oppbevart akkurat som det er. Uendeligheten av dette området er utenfor vår fantasi. Siden Adam var en levende ånd, i tillegg til Jorden, laget Gud denne Edens Have for ham i den andre himmelen.

Den Tredje og Den Fjerde Himmelen

Den tredje himmelen er stedet hvor himmelens kongerike ligger. Der ligger Guds trone, og dette er et sted hvor Guds barn, som har blitt reddet gjennom Jesus Kristus vil leve i all evighet. Apostelen Paulus ble ført inn i den tredje himmelen og så Paradiset. I tillegg forklarte apostelen Paulus i Johannes' åpenbaring 21. kapittel i detaljer om byen det Nye Jerusalem. Vi kan se at himmelens kongerike ikke er som et stort åpent område, men at det har mange forskjellige steder.

Først er det Paradiset som apostelen Paulus så, og som er oppholdsstedet for de troende som knapt har nok tro til å motta frelse (Lukas 23:42-43). De som har større tro en disse menneskene vil komme til Himmelens Første Kongerike, og de som har enda mer tro vil komme til Himmelens Andre Kongerike.

De som har kastet bort all form for ondskap og blitt frelst vil komme inn til Himmelens Tredje Kongerike. De som ikke bare har kastet vekk all ondskapen men også fullført troen for og tilfredstille Gud, det vil si de som har kommet inn til den fullstendige ånden, vil komme inn til det Nye Jerusalem hvor Guds trone ligger. Blant de forskjellige plassene i den tredje himmelen, vil det Nye Jerusalem skinne klarere. Klarheten minskes jo lenger vekk ifra det Nye Jerusalem du går. Paradiset er det dårligste. Men den første himmelen som vi lever i kan ikke bli sammenlignet med det. Denne er fremdeles klarere og vakrere enn selv Edens Have i den andre himmelen.

Den fjerde himmelen er stedet hvor Gud i begynnelsen oppholder seg alene. Dette er et sted eksklusivt for Gud Treenigheten. Stedet hvor den opprinnelige Gud ble til et lys ligger i den fjerde himmelen. Dette ligger i den samme dimensjonen som det opprinnelige universet. I de første, andre og tredje himlene finnes det forskjellige tidsoppdelinger. Men i den fjerde himmelen kan vi se at tidsbegrepet nesten ikke eksisterer, og det finnes ikke noen begrensninger når det gjelder tid. Gud kan også gjøre hva Han vil her, og dette betyr at det heller ikke finnes noen steds begrensninger.

Ingen kan komme inn til dette området gjennom personlig innsikt unntatt Guds Treenighet. Bare et par basunengler og veldig spesielle personer blant de som er i det Nye Jerusalem kan komme inn til dette stedet med Guds tillatelse. Det er ingen som engang kan komme i nærheten av dette stedet uten Guds tillatelse. Hvis noen kommer inn til dette stedet uten tillatelse ifra Gud, da vil han ånd forsvinne og blåse vekk akkurat som røyk.

Opp til nå har vi sett på det uendelige åndelige område. Gud delte opp det opprinnelige området til de første, andre, tredje, og de fjerde himlene som en del av Hans plan for å få flere sanne barn. Akkurat som det finnes etasjevise områder i "himmelen", finnes det også etasjevise plasser her på "jorden". Dette er den Øvre Garven, Dødsriket, Helvete og Abyss.

Den Øvre Garven og Dødsriket

Gud refererer til plassen som tilhører Gud som "himmelen", og stedet som tilhører fiende djevelen og Satan som "jorden". Men det finnes en unntagelse, og dette er den Øvre Graven.

De som har blitt reddet vil oppholde seg på den Øvre Graven i tre dager før de kommer inn til deres ventested i Paradiset. Den Øvre Graven tilhører "jorden" og ikke "himmelen" i det åndelige riket. Men dette betyr ikke at det tilhører mørket. Den Øvre

Graven er også et område med lys som tilhører Gud, og fiende djevelen og Satan kan ikke komme inn hit. Det er klart og tydelig atskilt fra Dødsriket som er styrt av mørkets makt. Den Øvre Graven er et område med sannheten og lyset.

Men grunnen til at de fremdeles sier at det tilhører "jorden" er fordi det ikke er noe bedre enn Edens Have som ligger i den andre himmelen. Når Bibelen prater om de som har blitt reddet og som kommer opp til den Øvre Graven, står det derfor av denne grunnen at de går "ned" og ikke "opp".

1. Mosebok 37:35 sier, *"Alle sønnene og døtrene kom for å trøste ham. Men han ville ikke la seg trøste. 'Med sorg går jeg ned til min sønn i dødsriket,' sa han. Og faren gråt over sønnen sin."* 'Sheol' refererer ikke her til det Dødsriket som er for de som ikke har blitt frelst, men den Øvre Graven for de som har blitt frelst.

1. Samuel 28:12-13 sier, *"Da kvinnen så Samuel, satte hun i et høyt skrik og sa til Saulus: 'Hvorfor har du narret meg? Du er jo Saulus.' Men kongen sa til henne: 'Vær ikke redd. Fortell meg heller hva du ser?' Kvinnen svarte: 'Jeg ser en ånd som kommer opp av jorden.'"* Dette er synet hvor kvinnen som var en formidler ble overrasket når hun så den døde Samuel. Samuel holdt seg i den Øvre Graven, og det er derfor det står at han kom opp og ut fra jorden.

Det er selvfølgelig egentlig ikke at denne formidlet kvinnen ropte ut til Samuels ånd. Trollmenn eller formidlere har ikke makten til å kommunikere med Gud eller til å rope ut til en død ånd. De kan bare ta kontakt med det mørke område og rope på demonene.

Dette var derfor en spesiell begivenhet. Gud brakte spesielt ut Samuel som holdt seg i den Øvre Graven for å vise dem Guds vilje. Saulus hadde allerede blitt forlatt av Gud på grunn av hans ulydighet, men Gud ga ham spesiell nåde fordi han var fremdeles Israels konge, og Gud husket at Samuel ba med sorg og tårer overfor Saulus for å omvende hans ondsinnede måte å være på og hans ulydighet mens han levde.

Grunnen til at Samuel holdt seg i den Øvre Graven er fordi dette skjedde før Jesus ble satt på korset. Men først etter at Jesus døde på korset og oppstod fra de døde tok Han sjelene fra den Øvre Graven opp til ventestedet Paradiset. Før Jesus oppstandelse, holdt de frelsede sjelene seg i den Øvre Graven sammen med Abraham, troens fader, han som styrte dette stedet. Det er derfor Bibelen sier at de reddede sjelene havnet i 'Abrahams favn'. Lukas 16:22 sier, *"Nå døde den stakkars mannen og ble så bært vekk av englene til Abrahams favn; og den rike mannnen døde også og ble begravd."*

Bibelen skiller ikke klart og tydelig mellom den Øvre Graven og Dødsriket, og det står simpelthen at mennesker går ned til Dødsriket eller bedre kjent som Hades. Men i sammenligningen av den fattige Lasarus og den rike mannen, pratet Jesus om de forskjellige stedene for de som er frelst og de som ikke er frelst. Lasarus ble reddet og havnet i Abrahams favn, det vil si den Øvre Graven, og denne plassen er forskjellig fra Dødsriket hvor den rike mannne havnet. Det er en dyp kløft mellom begge stedene og de kan ikke krysse det for å besøke hverandre. Når vi forklarer om det åndelige riket når det kommer til himmelen og jorden, sier vi at den Øvre Graven tilhører jorden, men det er helt sikkert i området som tilhører Gud.

Helvete Inneholder Innsjøene med Ild og den Brennende Svovel

Det mørke området har også et tjern med flammer og et tjerne med brennende svovel i tillegg til den Øvre Graven. Når de som ikke har blitt frelst dør, da vil de lide i Dødsriket og så havne i tjernet med ilden eller tjernet med den brennende svovelen etter den Store Dommedagen. Dommedagen blir gjort uten noen feil gjennom Livets Bok som har navnene til de som har blitt reddet og andre bøker som har blitt skrevet om hvert menneskes gjerning.

Johannes' åpenbaring 20:12-15 prater om hvordan dommedagen vil utfolde seg:

> *Og jeg så de døde, både store og små: De stod foran tronen, og bøker ble åpnet, livets bok. Og de døde ble dømt etter det som stod skrevet i bøkene, etter sine gjerninger. Havet ga fra seg de døde som var der, og døden og dødsriket ga fra seg de døde som var i dem, og enhver ble dømt etter sine gjerninger. Så ble døden og dødsriket kastet i ildsjøen. Og ildsjøen, det er den*

annen død. Og om noen ikke har skrevet inn i livets bok, ble han kastet inn i ildsjøen.

'De døde' refererer til de som ikke har akseptert Jesus Kristus eller de som har en død tro. De vil stå foran Guds trone for å bli dømt, og det er bøker som vil bli åpnet. Utenom Livets Bok som skriver ned navnene til de som har blitt frelst, finnes det andre bøker som skriver ned hver av de dødes gjerning, de som ike har blitt reddet. Ikke bare alle menneskenes gjerninger, men også alle deres tanker og hva de holder på i hjertene og sinnene deres fra fødselen av og til de dør blir skrevet ned av englene. De som ikke har blitt reddet vil bli dømt ifølge hvor mye synd de har som har blitt skrevet ned i bøkene og motta evig straff.

"Havet" refererer til fasen av den menneskelige kutivasjonen, det vil si denne verden. Uttrykket 'havet som avviser de døde', forteller oss at de ble kultivert her på jorden. Det betyr også at verden vil avvise deres døde, fysiske kropp for dommedagen. Når mennesker dør uten å bli frelst, da vil deres ånd bli begrenset til Dødsriket mens kroppen deres vil bli til en håndfull med støv et elelr annet sted her på jorden. Men ved den Siste Dommedagen, vil åndene som var i Dødsriket ta på seg kroppene som er passende for dommedagen.

Det står også at, "og døden og Dødsriket avviste de døde som de hadde." Dette betyr at de som holdt seg i Dødsriket og som var forutbestemt å måtte lide den evige døden på grunn av syndene deres vil stå foran Gud for å bli dømt. Helt til den Store

Hvite Tronens Dommedag fant sted, vil de motta forskjellige slags straffer i Dødsriket som for eksempel det å bli flenget opp av insekter eller dyr eller å bli torturert av helvetes budbringere.

Etter den Store Dommedagen, vil de falle inn i enten tjernet med ilden eller tjernet med den brennende svovelen (Johannes' åpenbaring 21:8). Smerten som de får i tjernet med ilden er uforlignelig mye mer smertefullt enn smertene som de får i Dødsriket. De vil lide og bli brent av ilden hvor, *"DERES ORMER IKKE DØR, OG ILDEN BLIR IKKE SLUKKET"* (Markus 9:47-49). Tjernet med den brennende svovelen er stedet for de som har syndet gjennom blasfemi imot den Hellige Ånd og forstyrret arbeidet til den Hellige Ånd. Dette er sju ganger varmere enn ildsjøen.

Abyss

Den dypeste delen av mørket i Abyss hvor de onde åndene vil komme til. Etter at Herren kommer tilbake, Guds frelsede barn vil ha en Sju-År lang Bryllupsfest. I løpet av den samme perioden, vil denne jorden få en prøvelsestid. De onde åndene som holdt seg i luften vil bli dratt ned til jorden og ta makten. Verden vil forsvinne på grunn av Den Tredje Verdenskrig, og store tragedier som helvete på Jorden vil finne sted. Etter at den Sju-År Lange Prøvelsen er over, da vil de onde åndene bli begrenset til Abyss og Millenium Kongerike vil begynne her på Jorden.

Guds barn som hadde blitt ferdig med den Sju-År lange Bryluppsfesten i luften vil komme ned til Jorden sammen med Herren og råde sammen med Ham i tusen år (Johannes' åpenbaring 20:4). Jorden som hadde blitt ødelagt av den Sju-År lange Prøvelsen, vil innen denne tiden bli fullstendig fornyet til et vakkert miljø. Imot slutten av Millenium Kongerike vil de onde åndene bli løslatt en gang til for et øyeblikk av Guds forsyn, men de vil bli innesperret i Abyss igjen etter den Store Hvite Trone Dommen.

Helt til den Store Hvite Tronens Dommedag, styrte Lusifer og hennes budbringere Dødsriket, men etter Dommedagen vil Dødsriket og Helvete bare bli styrt av Guds makt. De onde åndene vil bli kastet vekk som søppel i Abyss og vil føle seg veldig mørk og kald. De vil bli stengt inne på en måte hvor de ikke kan flytte på seg i det hele tatt akkurat som om de ble presset mot noe av en stor stein. De nedfalte englene ville bli kastet vekk og deres vinger fjernet som et symbol på forbannelsen og skammen.

Å bli kastet bort vil kanskje ikke høres så forferdelig som smertene og straffene i Helvete, men dette er ikke riktig. Akkurat som presset bare blir større og større idet du går dypere og dypere ned i vannet, vil styrken av kjøttet bare bli større idet du går lenger og lenger ned i Helvete. Abyss er den dypeste delen av Helvete, og all den kjødelige energien vil bli trukket sammen i denne plassen. Det er mye frykteligere og smertefullt å komme til Abyss enn å bli torturert av budbringerne fra helvete i Dødsriket eller å lide smerten fra ildsjøen eller sjøen med svovel.

Inbill deg at du har blitt stengt inne i en stor solid sement kloss uten å kunne røre på seg i det hele tatt. Du er ved bevissthet, men du kan verken puste eller blinke med øynene. Du er en levende fossil. Ved å bli fossilisert, må du motta forskjellige slags smerter, makten av fortvilelse, og presset som dytter deg ned som om det vil sprenge deg opp.

Lusifer var høyt elsket av Gud før hun ble korrupt, men hun vil bli stengt inn i denne evige forbannelsen på grunn av at hun satte seg opp imot Gud. Gud straffet ikke Lusifer med det samme. Hin var også bare en skapning så Gud kunne hatt ødelagt henne med det samme, men det hjorde Han ikke, og det var også en grunn for dette.

Dette er fordi vi kan komme frem som Guds sanne barn takket være Lusifers tilstedeværelse, mørkets styrer i løpet av vår menneskelige kultivasjon. Vi kan bli til lysets barn som ligner Gud ved å holde seg oppmerksom o be mens fiende djevelen streifer omkring som en brølende løve som prøver å finne et bytte. Gud vil gjerne dele den evige lykken med Hans barn fra lyset i det Nye Jerusalem, det som er lysets rom. Hvilke kvalifikasjoner må vi så ha for å kunne komme inn til lysets område?

2. Kapittel

Kvalifikasjonene For å Kunne Komme Inn til Lysets Område

Lyset og mørket kan ikke eksistere samtidig.
For å kunne komme inn til lysets område
må vi løse mørkets problem.
Jo mer fellesskap vi har med Gud som er Lyset
og har hjerte til Jesus Kristus,
jo lysere et sted kan vi komme inn til.

Mennesker må enten gå til lysets område eller mørkets område etter at livet deres her på Jorden er over. Siden menneskenes ånd ikke kan bli slukket må de enten gå til Himmelen eller Helvete.

Med hensyn til dette sier Hebreerne 9:27, *"Slik alle mennesker må dø en gang og siden komme for dommen..."* Johannes 5:29 sier også, *"... de som har gjort det gode, skal stå opp til livet, men de som har gjort det onde, skal stå opp til dom."* Livet her jorden er ikke det siste. Det finnes også et live som er evig, og så fort vårt fysiske liv er over finnes det bare to alternativer. Disse er at du enten går til Himmelen eller til Helvete.

Guds kjærlighet vil at alle skal motta frelse og nyte lykken i lysets område. 1. Peter 2-9 sier, *"Men dere er en utvalgt slekt, et kongelig presteskap, et hellig folk, et folk som Gud har vunnet, for at dere skal forkynne hans storverk, han som kalte dere fra mørket og inn i sitt underfulle lys."*

La oss se om vi kan komme inn til Hans vidunderlige område med lys som et kongelig presteskap.

Gud Lengter Etter Lysets Barn

Apostelen Paulus sier dette om Gud: *"Gud er den eneste som er udødelig, som bor i et lys dit ingen kan komme, Han som ikke noe menneske har sett og ingen kan se. Han tilhører ære og evig makt! Amen"* (1. Timoteus 6:16). Dette betyr at Gud oppholder seg i lyset, og at Han er udødelig og perfekt. 1. Johannes 1:5 sier, *"Dette er budskapet som vi har fått ifra Ham og som vi forteller videre til dere, at Gud er Lyset, og at det ikke finnes noe mørke i Ham i det hele tatt."*

Jakob 1:17 sier også, *"... med [Gud] finnes det ingen variasjon eller shiftende skygge."* Gud er selve Lyset og Han har ikke engang en skiftende skygge. Det er av denne grunne at Bibelen forteller oss mange steder at vi også må bli mennesker i lyset som vil ligne Gud.

1. Tessalonikerne 5:5 sier, *"... for dere er alle lysets sønner og dagens sønner. Vi er ikke natten eller mørket, "* og Efeserne 5:8-9 sier, *"... en gang var dere selvmørke, men nå – i Herren – er dere Lys. Lev da som Lysets barn (lysets frukt er all godhet, rettferd og sannhet)."* Matteus 5:14-16 sier også, *"Du er Lyset i verden. En by som sitter på toppen av et fjell kan ikke gjemmes; og det var heller ingen som tente et lys og gjemte det under en kurv, men satte det på lampefoten slik at det lyser opp for alle som er i huset. La ditt lys skinne for menneskene på en slik måte at de kan se dine gode arbeider, og lovprise din Fader som sitter i himmelen."*

Lyset og mørket kan ikke eksistere samtidig. For å komme inn i lysets rom må vi løse problemet med mørket.

Så hva er så mørket som vi må kaste bort for å bli lysets barn? Mørket refererer simpelthen til alt det som tilhører synden. Disse er de kjødelige tingene og de kjødelige arbeidene, som ble forklart i detaljer i *1. Bind av Ånd, Sjel og Kropp.*

Det kjødelige arbeidet er synder som en gjør gjennom handling, og de kjødelige tingene er syndene som en begår i sinnet og tankene. Ondskap, grådighet, hensynsløshet og misunnelse er alle urettferdigheter som det står i Romerne 1. Kapittel. Og som i Galaterne 5, er umoral, urenhet, sensualitet, idoltilbeding, hykleri, fiendskap, uenighet, sjalusi, sinne, konflikter, splid, fraksjon, misunnelse, fyll, og festing er alle 'kjødelig arbeid'.

Det finnes også ting som kanskje ikke virker som om de er fra mørket, men som er onde i Guds øyne. Akkurat som mørket ikke kan eksistere sammen med lyset, vil synden og ondskapen som tilhører mørket bli avslørt når sannhetens lys skinner over dem. Med Guds Ord som er selve lyset, kan vi innse mørket som vi ikke før har kunnet se på egen hånd.

Jesus forklarte for eksempel at Han snart skulle dø i Jerusalem, og Peter prøvde å stoppe Ham fordi han elsket Ham så høyt. Da irettesatte Jesus ham og sa, *"Gå bak Meg, Satan!"* (Matteus 16:23)

Peter trodde at det var hans plikt å stoppe Jesus, men dette var i Guds øyne mørket. Det var Guds vilje at Jesus skulle bli korsfestet og fullføre veien mot frelse. Med en slik irettsettelse, ble Peter en ydmykende apostel som vekket opp de døde og brakte tusenvis av mennesker opp for å angre bare på en dag etter at han hadde mottat den Hellige Ånd.

Akkurat som det ble forklart må han komme ut fra verdens mørke og oppføre seg som lysets barn hvis de skal kunne komme inn til lysets område. La oss kikke mer direkte på hva vi må gjøre.

Oppnå Guds Rettferdighet Gjennom Troen

For at vi kan komme inn til lyset, må vi først angre på våre synder om at vi ikke trodde på Gud og så akseptere Jesus Kristus. Alle de som mottar tilgivelse fra deres synder ved å tro på Jesus Kristus vil få kvalifikasjonen til å komme inn til lysets område. Romerne 3:22 sier, *"... selv Guds rettferdighet gjennom troen på Jesus Kristus for alle de som tror; for det finnes ingen forskjell."*

Johannes 14:6 sier også, *"Jesus sa til ham, 'Jeg er veien, sannheten og livet; ingen kommer til Faderen utenom Meg.'"* Romerne 10:9 sier, *"... hvis du sier det rett ut at Jesus er Herren, og tror i ditt hjerte at Gud vekket Ham opp ifra de døde, da vil du bli frelst."*

Hvis vi sier at Jesus er Herren og tror i vårt hjerte at Gud vekket Ham opp ifra de døde, da betyr dette at vi tror på korsets forsyn og makten av oppstandelse. Vi tror nemlig at Jesus døde for oss på korset. Vi som er syndere måtte få evig straff på grunn av våre synder, og at Han mistet alt Hans dyrebare blod for å redde oss ifra våre synder.

Hvis vi virkelig tror på dette faktum, da vil vi tilstå alle våre synder og bestemme oss for å leve i lyset med Herrens takknemlighet som led for oss. Gud vasker bort syndene for slike mennesker med blodet fra Herren og gir dem den Hellige Ånd i gave. Gud erkjenner dem som Hans barn og skriver navnene deres ned i livets bok (Johannes' åpenbaring 20:15, 21:27). Det er slik vi kan nyte et evig liv i Himmelen, det som er lysets rom, når vi anerkjenner at vi ikke levde ifølge Guds Ord, snu oss vekk ifra våre synder, og så spasere i lyset.

Å Ha Fellesskap Med Gud Som er Lyset

1. Johannes 1:6-7 sier, *"Hvis vi sier at vi sammarbeider med Ham, men fremdeles spaserer i mørket, da lyver vi og praksiserer ikke sannheten; men hvis vi spaserer i Lyset akkurats om Han selv befinner seg i Lyset, da har vi fellesskap med hverandre, og Hans Sønn Jesus blod vil rense oss fra all våre synder."* Så fort vi aksepterer Jesus Kristus og mottar den Hellige Ånd i gave, da må vi lære og praksisere Guds Ord som er selve sannheten for å kunne bli sett på som Guds barn som har fellesskap med Gud.

1. Johannes 2:3 sier, *"Gjennom dette vet vi at vi har blitt kjent med Ham, hvis vi holder på Hans bud,"* og 1. Johannes 3:23 sier, *"Dette er Hans budskap, at vi skal tro på Hans Sønn Jesus Kristus navn, og elske hverandre, akkurat som Han ba oss om."*

Vi må ikke bare kaste bort syndene som vi gjorde gjennom handling, men også ondskapen i våres hjerter for å adlyde Guds ord som forteller oss hva vi burde bli kvitt og hva vi burde beholde. Vi må også praksisere iherdig på Guds Ord som ber oss om å juble, være takknemlig, elske, ydmyke oss selv, tjene andre, og holde på budskapene. Det er på denne måten vi kan kultivere Herrens hjerte med nåden og styrken fra Gud og ved hjelp fra den Hellige Ånd.

Våre himmelske oppholdssteder vil være forskjellige i forhold til renset vi blir, og ifølge hvor mye lys som vil stråle ut av oss etter at vi har blitt en åndelig god person fordi vi sammarbeider med Gud, Han som er Lyset. Så selv om vi har blitt frelst og fått kvalifikasjonene til å komme inn til lyset, må vi fremdeles holde ved himmelens kongerike gjennom makt hele tiden, helt til vi når det høyeste målet, som er byen det Nye Jerusalem.

Det finnes visse måleenheter hvor vi kan sjekke hvor høyt vi har blitt Lysets barn. Disse er: Åndelig kjærlighet som ligger i 1. Korinterne 13; de ni fruktene til den Hellige Ånd, i Galaterne 5; Saligprisningene, i Matteus 5, og Lysets frukter i Efeserne 5. La oss nå kikke litt mer på hvilke kvalifikasjoner en har for å kunne komme inn til lysets område, og fokusere på Lysets frukt.

Å Praksisere Godhet Gjennom et Åndelig Hjerte

Efeserne 5:9 sier, *"... lysets frukt finnes i alt det som er godt og rettferdig og sant."*

Godhet er å ha et vakkert hjerte som ikke har noen ondskap, men som bare har godhetens egenskap. Du gjør gode ting for de som har behov for det; du vil ikke bare skade andre; og du vil adlyde Guds Ord og gjøre ditt beste med alt arbeide som du får, for du kjenner Skaperen Gud like godt som du kjenner nåden til dine foreldre.

I verden sies det at du er god hvis du ikke reagerer med ondskap imot ondskap, men bare tolererer det. Men hvis du fremdeles har ubehag eller hat i tankene dine, kan du da bli sett på som å være virkelig god? Menneskenes godhet og Guds godhet er veldig forskjellige. Det første nivået av godheten som Gud erkjenner er ikke det å gi tilbake ondskap, men det å ikke ha noen som helst ukomfortable følelser i det hele tatt.

Dette var tilfelle med Josef, mannen til Jomfru Maria. Matteus 1:19 sier, *"Og hennes mann Josef som var et rettferdig menneske og som ikke ville vanære henne, planla å sende henne vekk i all hemmelighet."* Hvor ulykkelig hadde ikke Josef måtte ha følt seg når han fant ut at hans forlovede var gravid uten at han hadde hatt samleie med henne? Mennesker ville vanligvis ha lidd stor sorg eller kranglet med henne. Men Josef hadde ikke noen ondskap i hjertet sitt, så han ville bare forlate henne i all stillhet.

Det andre nivået med godhet er når noen gjør noe vondt imot oss, vi vil fremdeles ikke tenker noe dårlig om dem, men vi kan røre ved deres hjerte ved å gjøre gode gjerninger eller si noe godt til dem. Fiende djevelen og Satan kan ikke gjøre noe med en slik person som har nådd et slikt nivå med godhet.

Selv om han ikke selv gjorde noe galt, ble David jaget av Kong Saulus i lang tid, og en dag hadde han en perfekt anledning til å drepe Saulus. David hadde dratt ut til kamp og hadde seiret for landet, men Saulus ville ikke engang takke ham fordi han ble istedenfor sjalu på ham. Han jaget David med hæren hans og prøvde å drepe ham.

En dag kom Saulus inn i en hule hvor David gjemte seg. David kunne ha drept ham, men istedenfor skjærte han bare av en del av Saulus kappe. Senere når Saulus forlot hulen, ropte David til Saulus og sa, *"Se min far, se! Se, jeg har en del av din kappe i min hånd! For jeg skjærte av en del av din kappe og drepte deg ikke. Se at det derfor ikke finnes noen ondskap eller opprør i mine hender, og jeg har ikke syndet imot deg, men selv ligger du og venter på meg for å drepe meg"* (1. Samuel 24:11).

David ropte på Saulus, Saulus forfulgte ham fordi han ville drepe ham. Han ropte ut og sa 'min far' og derfor ydmykte han seg dypt. Han ville virkelig trøste Saulus hjerte og si at han var akkurat som en hund og en loppe, og at det ikke var hans hensikt å drepe Saulus. Saulus var ond, men når han hørte en slik tilståelse gjennom godheten, ble han rørt ogg begynte å gråte. I 1. Samuel 24:16-17 står det, *"'Er dette din stemme, min sønn David?' Da løftet Saulus hans stemme og begynte å gråte. Han sa til David, 'Du er mye mer rettferdig enn jeg; for du har hatt med meg å gjøre, mens jeg har vært veldig ond imot deg.'"*

Han ble rørt og bare dro tilbake hjem. Hvis vi gir tilbake godhet imot ondskap, da kan ikke Satan gjøre noe mer og selv en ond person vil bli rørt. Og Saulus var selvfølgelig så ond at hans ondskap kom igjen tilbake senere, men i dette øyeblikket ble i hvert fall mørket fjernet av lyset fra Davids godhet og Saulus dro av gårde.

Men fremdeles finne sdet et høyere nivå med godhet enn bare det å røre vad andres hjerter. Dette er å til og med elske våre fiender og gi livene våres til de som er onde imot oss. Det er Guds godhet, Han som sendte Hans eneste Sønn, og det er godheten til Jesus Kristus. Han er Guds Hellige Sønn som ga opp Hans liv for alle menneskene.

Vi kan også føle dette nivået med godheten gjennom Moses og Paulus. Når Gud var like ved å ødelegge alle isralittene på grunn av syndene deres, ba Moses om at de måtte bli reddet selv om dette betydde at navnet hans ville bli stryket ut av livets bok (2. Mosebok 32:32). Apostelen Paulus sa, *"For jeg vil ønske at det var meg som var forbannet, separert fra Kristus for mine brødres skyld, mine landsmenn ifølge kjøttet"* (Romerne 9:3).

Steven ble drept ved at de kastet steiner på ham mens han forkynte evangeliet. Han hadde ingen bitterhet selv om de kastet stein p ham uten at han hadde gjort noe galt. Men han ropte heller ut til Herren i en høy stemme, *"Herre, hold ikke denne synden imot dem!"* (Apostlenes gjerninger 7:60)

Mennesker i dag tror at du bare vil lide tap og bli behandlet som idioter hvis du er ærlig eller snill imot andre. Men Gud er selve godheten, og Han beskytter oss med Hans glødende øyne, den Hellige Ånds brennende vegger, og himmelske verter og engler når vi følger godhet. Prøvelser og tester vil derfor forsvinne, og selv om disse vil komme kan vi bestå dem gjennom godhet. Dette vil bringe oss større velsignelser og vekst i alt.

Og selvfølgelig må vi noen ganger offre oss selv og utvide våre anstrengelser for å kunne følge godheten. Men de som er gode vil ikke se at slike ting kan være vanskelige. De vil heller se på det som mer gledelig å kunne praksisere godheten. En åndelig styrke er å ikke ha noen synd, og vårt åndelige lys vil bli sterkere jo mer vi kaster bort ondskapen og kultiverer godheten. Så fort vi kommer inn til nivået med godheten som Gud anerkjenner, da kan den onde ikke en gang røre oss på grunn av vårt lys, og vi vil kunne ødelegge fiende djevelen og Satans onde planer (1. Johannes 5:18).

Å Bære den Rettferdige Frukten gjennom Troen

Den andre frukten fra Lyset er rettferdigheten. Generelt sagt er rettferdighet det samme som å arbeide for den riktige årsaken i livet, uten å bare søke etter ens eget gagn. Men rettferdighet i sannheten er å kaste vekk syndene, holde på Bibelens budskap, og søke etter Guds kongerike og Hans rettferdighet i følge Hans vilje. Daniel er et av de beste eksemplene med å ha rettferdighet.

Daniel kom fra en kongefamilie i en av Judeas stammer. Han ble tatt til fange i 605 f. Kr. Når det sørlige kongerike i Judea ble angripet av Kong Nebuchadnezzar i Babylon. Når Babylon fikk nye begavede mennesker fra andre stammer, da ble Daniel valgt sammen med tre av hans venner og han arbeidet som en av de høyere offiserene i Babylon i lang tid. Selv om han ble fanget, hadde han en høy stilling i Babylon og han var også sett på som en av Guds gode profeter. Grunnen er fordi han fullstendig stolte på Gud og holdt godt fast på hans tro.

Når han først kom til kongen i Babylon var han en ung mann. Han måtte få trening i tre år og måtte så akseptere valget av mat som kongen ga ham. Men han var redd for at maten som kongen valgte ville inkludere avskyelig mat som Gud ikke godtok, og han ville derfor ikke ta imot det. Han hadde virkelig ikke noe valg siden han var en fange, men han hatet og nektet fremdeles å ta til seg ting som Gud også hatet.

For å kunne beholde på deres tro på Gud og ikke sverte seg selv, spurte han hans vokter om at han og hans tre venner kunne bare ta grønnsakene istedenfor den maten som kongen hadde valgt. Han spurte om han bare kunne ta grønnsaker og vann i ti dager som en prøve. Når vokteren sammenlignet ham med andre unge mennesker etter ti dager, kunne han se at Daniel og hans tre venner så bedre ut enn andre unge menn.

Gud så troen deres og ga dem utrolige velsignelser. Daniel 1:17 sier, *"Når det kommer til disse fire ungdommene, ga Gud dem kunnskap og intelligens på hver eneste litteraturfortegnelse og visdom; Daniel forstod til og med alle slags syn og drømmer."* Vers 20 sier, *"Når det kommer til all slags visdom og forståelse som kongen konsulterte dem om, fant han dem ti ganger bedre enn alle trollmenn og tryllekunstnere som han hadde i hans rike."*

Babylon ble ødelagt av Media og Persia i 539 f.Kr under Kongen Belshazzars regjeringstid, sønnen til Kong Nebuchadnezzar. En ny nasjon, det Persiske Keiserdømme, erstattet Babylon. Kong Darius fra Persia ville gjerne velge Daniel som sjefen til å styre hele landet fordi Daniel hadde en spesiell ånd. Daniel var en fange, men til og med når nasjonene og kongene byttet om, var det fremdeles han som var den mest anerkjente.

Andre prester og leder var sjalue på ham og prøvde å finne en måte de kunne anklage ham (Daniel 6:4-5). Men de kunne ikke finne noen feil med ham, og de foreslo en vedtekt overfor kongen. Ved å late som om de støttet kongen, sa de at de ville sette alle de som ba til noen andre guder eller menneske annet enn til kongen, inn i løvehulen i tredve dager. Dette var en felle som de hadde laget spesielt for Daniel siden de visste at han ba tre ganger om dagen med hans ansikt stirrende imot Jerusalem gjennom hans åpne vindu.

Selv om han visste om dette ba Daniel fremdeles tre ganger om dagen ned på knærne (Daniel 6:10). Han kunne ha kompromitert bare for å holde ved hans berømmelse og makt eller bare for å unngå døden, men han stolte fullt og fast på Gud. Han ble til slutt kastet inn i løvehulen fordi han brøt loven, men han hadde fremdeles ingen bitterhet imot hans konge. Men han velsignet heller kongen ved å si, "Å konge, lev i all evighet!" Han praksiserte rettferdigheten samme hvor vanskelig situasjonen var.

Han hadde ingen feil og klandret heller ingen overfor Gud

og andre mennesker, og av denne grunnen kunne ikke fiende djevelen og Satan skade ham med noen som helst onde planer. Gud sendte Hans engel for å beskytte ham. Ham kom ut av hulen levende og lovpriste Gud. Den rettferdigheten som Gud gjerne vil ha er for oss å holde på vår tro og ikke kompromittere selv når vi møter døden og å følge godheten i sannheten samme hva andre gjør imot oss.

Å Bære den Rettferdige Frukten Gjennom Gjerninger

Den tredje frukten fra Lyset er sannheten. Sannheten skal aldri forandre seg. Den er også renheten, ærligheten, og uskyldigheten uten noe som helst falskhet, sluhet eller listighet. Selv om du er veldig iherdig med å gjøre gode gjerninger og bekjenner din tro, kan det ikke bli sett på som en sann frukt ifra Guds Lys så lenge du gjør tingene bare for å vise det overfor andre. Det som Gud med andre ord vil ha fra oss er en sann bekjennelse om vår tro, gode gjerninger, og uforandret sannhet som kommer helt fra vårt hjerte.

I 1. Mosebok 22, kan vi se hvordan Abraham adlød Guds Ord når Han ba ham om å offre hans eneste sønn Isak som et brennende offer. Tidlig på morgenen gikk han ut med Isak for å gå til landet Gud hadde bedt dem om. Han nølte ikke i det hele tatt. Han kjempet ikke med denne beslutningen gjennom hans egne tanker. Akkurat da han skulle til å gi Isak som et brennende offer, viste Guds engel seg overfor ham og ba ham om å ikke røre ved gutten. Gud sa, *"... nå vet Jeg at du frykter Gud"* (1.

Mosebok 22:12).

Hebreerne 11:19 sier, *"Han mente at Gud til og med kunne vekke opp de døde. Derfor fikk han sønnen tilbake – i dette ligger et forbilde."* Abraham fikk sønnen Isak gjennom Guds makt og Sarah, som var godt over alderen hvor hun kunne få barn på egen hånd. Så han hadde tro på at Gud ville vekke opp Isak etter at han ofret ham som et brennende offer. Vi kan her se den sterke tilliten mellom Gud og Abraham gjennom denne begivenheten.

I mange andre tilfeller kan vi se hvor sannferdig Abraham var. Når han kom til Bethel sammen med hans nevø Lot, var det så mange flokker og kuer at hyrdene deres ofte kranglet. Her vek Abraham seg for hans nevø og sa, *"Ligger ikke hele landet foran deg? Vær så snill og gå vekk ifra meg; hvis du går til venstre, da vil jeg gå til høyre; eller hvis du går til høyre, da vil jeg gå til venstre"* (1. Mosebok 13:9).

Lot dro til åkeren i Jordan som hadde nok av vann, for å lete etter noe godt for seg selv, og da nådde han Sodom. Byen Sodom ble angrepet og mange ble tatt til fange. Når Abraham hørte dette tok han alle hans menn og brakte Lot og folkene i Sodom tilbake. Kongen i Sodom ofret ham store rikdommer, men han bare nektet å ta noe av det (1. Mosebok 14:15-23).

Når Sodom og Gomorrah ble ødelagt av ilden ifra himmelen, ble Lot og hans to døtre reddet takket være Abrahams bønner (1. Mosebok 18). Og når Abraham kjøpte gravstedet for sin kone Sarah, offret Hittities ham landet deres og hulen Machpelah, men han betalte heller en rettferdig pris for det (1. Mosebok

23:16). Han hadde mange barn med hans andre kone, og mens han fremdeles levde ga han dem hver en gave slik at de ikke senere kunne krangle. Fra alt dette kan vi se hvilket sanferdighet som Abraham hadde.

Jakob 2:23-24 sier, *"... og Skriftene ble utfylt og sier, 'Og Abraham trodde på Gud, og det ble sett på som rettferdighet,' og han ble kalt Guds venn. Du kan se at en mann har blitt rettferdiggjort gjennom arbeide og ikke bare gjennom troen."* Gud er selve sanferdigheten, og Gud velsignet Abraham for hans gjerninger gjennom troen. Det ble til at Abraham oppholdt seg i nærheten av Guds trone i det lyseste stedet siden han var Guds venn.

Lysets Frukt Leder Oss til Lysets Område

For at de gode gjerningene skal bli sett på som Lysets frukt, må det inneholde rettferdighet, som er Guds rettferdighet. Men å ha godhet og rettferdighet er ikke det eneste. En må også ha sannferdighet. Så vi kan bare få Lysets frukt når vi har all godheten, rettferdigheten, og sannferdigheten.

Så for at vi fullstendig kan få Lysets frukt, må vi gå gjennom hele prosessen med å forlate mørket for å kunne komme inn til lyset, gjennom irettesettelse. Det blir sagt i Efeserne 5:11-13 KJV, *"Ta ikke del i de ubrukelige gjerningene fra mørket, men irettesett dem heller. For det er en skam å til og med prate om de tingene som blir gjort i hemmelighet. Men alle tingene som blir irettesatt vil bli åpenbart av lyset: alt som kommer for dagen er lys."*

Irettesettelse betyr ikke her bare å ikke ta del i ugjerningene. Det er en irettesettelse for å få en til å komme ut av mørket og inn i lyset. Noen ganger når kirkemedlemmene befinner seg i vanskelige situasjoner på grunn av syndene deres prøver jeg å heller få dem til å forstå hvorfor de møter disse prøvelsene eller testene istedenfor å bare trøste dem. Jeg irettesatte dem fordi de ikke levde i sannheten. Men selv om ingen irettesetter oss, er det viktig at vi iretesetter oss selv ifølge Guds Ord når vi gjør noe galt.

Når Gud avslører og peker på hver eneste av våre synder og mørket, vil dette være fordi Han elsker oss. Kjærlighetens Gud vil at Hans barn skal oppholde seg i det perfekte lyset til Gud slik at de kan motta velsignelser her på jorden og at de også vil oppholde seg i fremtiden på et lysere sted i Himmelens evige kongerike. For at dette kan skje må vi kaste bort alt det vi har som tilhører mørket og kultivere helligheten og perfektheten slik at vi kan ligne Gud som er selve Lyset (Matteus 5:48; 1. Peter 1:16).

Fra dagen da han møtte Herren da han var på vei til Damascus, holdt apostelen Paulus seg lydig overfor Kristus og forkynte evangeliet til mangfoldige Hedninger. Han sa, *"Ja, mine søsken, jeg dør hver dag, det er like sant som jeg er stolt av dere i Kristus Jesus"* (1. Korinterne 15:31).

Hvis vi kaster iherdig vekk de kjødelige tankene som er

fiendtlige imot Gud og dør daglig gjennom Herren, og bare har åndelige tanker som, "Hvordan kan jeg fullføre Guds kongerike og Hans rettferdighet? Hvordan kan jeg fullstendig rense mitt hjerte? Hvordan kan jeg lede flere sjeler til Himmelen?" det er da vi kan nyte den sanne freden og bære all frukten ifra Lyset.

Lysets frukt gjelder ikke bare all godheten, rettferdigheten, og sannheten, men det gjelder også alle slags frukter som vi bærer på ved å holde fellesskap med Gud og ha et hjerte som Jesus Kristus, som inkluderer åndelig kjærlighet, frukten fra Salighetene, og frukten ifra den Hellige Ånd. Alle disse fruktene må bli fullstendig i oss for at vi kan komme inn til det Nye Jerusalem. Hvis det finnes noe frukt som er fullstendig moden mens andre ikke er modne, da vil vi ikke være kvalifiserte til å komme inn til det Nye Jerusalem. Jeg håper at dere alle vil praksiserer iherdig på Guds Ord og ha gode nok kvalifikasjoner til å komme inn til den lyseste delen av lysets rom.

Del 2

Ånden, Sjelen og Kroppen i det Åndelige Riket

·iteriumet med Kategoriserings criteria for de Himmelske Oppholdsstedene

Æren Som Blir Gitt i det Åndelige Riket

"Se, Jeg sier dere en hemmelighet:
Vi skal ikke alle sovne inn, men vi skal alle forvandles, brått,
på et øyeblikk, ved det siste basunstøt. For basunen skal lyde,
de døde skal stå opp i uforgjengelighet, og vi skal bli forvandlet.
For det forgjengelige må bli kledd i uforgjengelighet,
og det døde må bli kledd i udødelighet."
- 1. Korinterne 15:51-53

1. Kapittel

Forskjellige Oppholdssteder

Det himmelske oppholdsstedet som vi vil motta vil være forskjellig
ifølge hvor mye vi ligner Gud
og lever etter Hans vilje.
Det himmelske kongerike har forskjellige oppholdssteder.
Jo bedre det himmelske oppholdsstedet er,
jo større ære og lykke kan vi nyte der.

Himmelen Har Mange Oppholdssteder

Himmelen Lider av Brutalitet

Grunnen til at Himmelske Oppholdssteder Blir Oppdelt

Paradiset, er Oppholdsstedet for De Som Knapt Har Blitt Frelst

Det Nye Jerusalem, Oppholdsstedet for Personer som Har Den Fullstendige Ånden

Mennesker har en tendens til å bare tro noe hvis de kan se og sjekke det med deres egne øyne. Men det finnes mange ting som mennesker ikke kan sjekke med deres egne øyne. Vinden og lukten av blomster kan for eksempel ikke bli sett, men de eksisterer. Det finnes også et åndelig rike som holder seg på et høyere nivå enn denne synlige, fysiske verden. Det er ikke riktig å nekte det åndelige riket bare på grunn av at det ikke er synlig.

I den uendlige åndelige plassen, ligger himmelens kongerike i den tredje himmelen. Den tredje himmelen er et sted uten grenser og den har flere forskjellige oppholdssteder fra Paradiset til det Nye Jerusalem. Det himmelske oppholdsstedet som blir gitt til hver av de som er frelst vil bli forskjellig ifølge hvor mye frelse en person har fullført og hvor mye de har fulgt Guds vilje gjennom troen. Og ifølge hvor mye vi har blitt en person som Gud liker her i verden, vil vi motta forskjellig ære enn en person som tilhører Himmelen.

Det er derfor det står i 1. Korinterne 15:40-41, *"Det finnes også himmelske kropper og verdslige kropper, men æren til de himmelske er en, og æren til den verdslige er en annen. Det finnes en glans for solen, og en annen glans for månen, og en annen for stjernene; for hver stjerne har forskjellig glans."*

Himmelens Individuelle Glanser

En av Gud opprinnelige naturer er hellighet. Bibelen vil ofte prate om helligheten fordi Gud gjerne vil at mennesker som har blitt skapt i Guds speilbilde til å ha Guds hellighet. 3. Mosebok 20:26 sier, *"Dere skal være hellige for Meg, for Jeg, HERREN, er hellig, og Jeg har skilt dere ut ifra folkene, for at dere skal høre Meg til."* 1. Peter 1:16 sier, *"... fordi det har blitt skrevet, 'Du skal være hellig, for jeg er hellig,'"*

De som derfor lever ifølge viljen til den hellige Gud er de som tilhører himmelen. De vil nyte den himmelske ære i det himmelske kongerike. På den annen side, finner vi de som lever i synden og som går imot Guds vilje, er de som tilhører jorden, og som dermed vil havne i Helvete.

De som tilhører jorden er ikke bare de menneskene som ikke aksepterer Jesus Kristus og som ikke tror på Gud. I Matteus 7:21 står det, *"Ikke alle de som sier til Meg, 'Herre, Herre' vil komme inn til himmelens kongerike, men han som følger min Fars vilje og som oppholder seg i himmelen vil komme inn."* Selv om de sier, 'Herre, Herre,' og sier at de tror på Ham, er de fremdeles blant dem som tilhører jorden så lenge de ikke praksiserer Guds vilje.

Hva må vi gjøre for å kunne komme inn til det himmelske kongerike og nyte solens ære akkurat som en person som tilhører himmelen? I Hebreerne 12:4 kan vi finne at i løpet av vårt liv her på jorden, må vi kjempe imot og kaste bort alle våre synder 'helt til vi blir blødende'. Og det står også i 1. Tessalonikerne 5:22 at vi må fullføre hellighet ved å bli kvitt all form for ondskap og bli full av Ånden. Akkurat som solens lys, månens lys, og stjernenes lys utgir forskjellige lys, vil menneskenes ære til de som tilhører himmelen også være forskjellige.

Esaias 60:1 sier, *"Reis deg i stråleglans! For nå kommer ditt lys, HERRENs herlighet går opp over deg."* Etter at vi aksepterte Jesus Kristus som kom hit som verdens Lys, kan vi gi en slik åndelig lysstråle hvor vi handler ifølge Guds Ord. Som mennesker som tilhører himmelen burde vi gi ut like klart lys som når solen skinner midt på dagen, slik at vi kan drive vekk mørkets makt, føre sjelene imot frelse, og lovprise Gud.

Himmelen Har Mange Oppholdssteder

Jesus hadde Påskemiddagen med Hans disipler i det øvre rommet på Mark rett før Han døde. Ved Nattverdsmåltidet minnet Han dem om tilværelsen av himmelens kongerike, slik at de kunne ha forventninger om det.

Jesus sa i Johannes 14:2-3, *"Det finnes mange oppholdssteder i mitt Fars hus; hvis dette ikke var tilfelle, ville Jeg ha fortalt dere; for Jeg går for å forberede et sted for dere. Hvis Jeg går for å forberede et sted for dere, da vil Jeg komme tilbake og ta dere med Meg, slik at hvor enn Jeg er, der vil dere også være."*

Jesus oppstod den tredje dagen etter at Han hadde blitt

korsfestet og for opp til Himmelen foran mange mennesker. Han dro for å forberede oppholdsstedene i Himmelen hvor Guds barn vil oppholde seg i all evighet. Når Han sa, *"Det finnes mange oppholdssteder i Mitt Fars hus,"* ga Han uttrykk for at Han gjerne ville at alle mennesker skulle bli frelst (1. Timoteus 2:4).

Himmelen er et åndelig rike som ble skapt til og med før Gud Treenigheten skapte Jorden. Det er et sted uten ende og som har en dybde, tetthet, og volum som ikke kan bli målt med de menneskelige tankene. Det inneholder tronen til Gud, uendelige åndelige mennesker, og et hjem hvor Guds barn lever i all evighet. I midten av himmelens kongerike ligger det Nye Jerusalem, som er Himmelens mest praktfulle oppholdssted.

De åndelige lysene som kom strålende ifra Guds trone og elven med livets vann får Guds barn til å føle seg lykkeligere og høyere æret. Gud vil gi hver og en av oss et passende oppholdssted og belønner oss ifølge hva slags tro vi har og hvordan vi lovpriste Gud her på denne jorden.

Byen den Nye Jerusalem ligger på toppen av den tredje himmelen, og "under" den Nye Jerusalem ligger Himmelens Tredje, Andre, og Første Kongerike og Paradiset. Dette betyr ikke at de er bygget lagvis som bygningene her på jorden hvor de bokstavelig blir bygget opp på hverandre. Alle oppholdsstedene i Himmelen ligger vannrett og også loddrett i forskjellige høyder.

Himmelen Lider av Brutalitet

Matteus 11:12 sier, *"Fra Døperen Johannes dager opp til nå har himmelens kongerike lidd gjennom brutalitet, og brutale mennesker har tatt ting med makt."* Himmelen er et vakkert og fredfylt sted, så hvorfor sier de så at de lider av vold, og at brutale mennesker tar ting med makt?

Dette betyr at de som har større håp om det himmelske kongerike vil leve et stanfhaftig liv gjennom troen og rpøve å komme inn til byen det Nye Jerusalem. Dette standhaftige livet blir referert til gjennom uttrykket 'brutale mennesker tar det med makt'.

Så hvem vil de så være brutale mot? De er brutale mot fiende djevelen og Satan som opphisser menneskene til å synde. For å kunne komme inn til Himmelen, må vi slåss om mørket og overvinne det. For å få mennesker til å falle ned vil fienden Satan stimulere menneskenes syndige natur og få dem til å synde. De som her virkelig lengter etter himmelens kongerike vil seire over det gjennom Guds Ord.

Vi kan ta byen det Nye Jerusalem med makt til den grad hvor vi blir Guds hellige barn gjennom Guds Ord og bønner (1. Timoteus 4:5). Fra 2. Korinterne 12:1 og videre, kan vi se apostelen Paulus som dro til Paradiset, som ligger i den tredje himmelen, og lærte mange om mange hemmeligheter fra himmelens kongerike. Fra denne tiden av fortsatte han å kjempe gjennom den gode kampen helt til han ble en martyr. Han tok byen det Nye Jerusalem med makt og kikket opp til kronen med rettferdighet som Gud hadde forberedt for ham.

Johannes' åpenbaring 19:7-8 sier, *"La oss glede oss og juble og gi ham æren! For tiden for lammets bryllup har kommet. Hans brud har gjort seg i stand, og hun har fått en drakt av skinnende rent lin. Linet er de helliges rettferdige gjerninger,"* og Johannes' åpenbaring 22:14 sier også, *"Salige er de som vasker sine kapper. De skal få rett til å spise av livets tre og gå gjennom portene inn i byen."*

Her refererer "kapper" og 'fint lin' til menneskenes hjerte og gjerninger. Vi kan bare gå gjennom portene og komme oss inn til den hellige byen når vi renser våres hjerter og gjerninger. Idet de mangfoldige "portene" blir brukt, kan vi se at det finnes mange porter. For at vi kan komme inn til det Nye Jerusalem, må vi først kunne gå gjennom frelsens port og ha de riktige kvalifikasjonene til å komme inn til Paradiset. Så må vi gå gjennom portene til Himmelens Første, Andre, og Tredje Kongerike. Til slutt må vi gå gjennom Perleportene i det Nye Jerusalem.

Dette er grunnen til at vi sier "porter", og vi kan lære fra dette sitatet at ikke alle som har blitt reddet vil motta den samme lovprisningen i Himmelen. At vi kjenner til dette himmelske kongerike og kjemper om å få et bedre oppholdssted gjennom makt, er noe vi burde være veldig takknemlig for.

Grunnen til at Himmelske Oppholdssteder Blir Oppdelt

De som har akseptert Jesus Kristus, men som ikke omskjærer

hjertet deres og som derfor ikke kan kaste bort noe ondskap, har et veldig svakt åndelige lys. Men de som har kastet bort all form for ondskap og som har blitt renset, har et veldig sterkt åndelig lys. Akkurat som det ble pratet om tidligere, har hver troende ulike ånderlig klarhet. Jo mer de troende praksiserer Guds Ord og kaster bort syndene, jo sterkere og vakrere er lyset som kommer ifra dem. De som har blitt fullstendig renset har et slikt klart lys at de som ikke har det kan ikke engang direkte se på dem.

Hvis vi bare tenker fornuftig, kan vi lett forstå at det vil være vanskelig å bo eller være sammen for de som har et sterkt åndelig lys og de som ikke har et så sterkt lys. Selv her på jorden er det mye mer behagelig for barn å være sammen med andre barn, tenåringer sammen med andre tenåringer, og voksne menensker sammen med andre voksne. Barn og voksne kan ikke bli riktige venner fordi den verden som de lever i er annerledes, og deres intelligense og måter å tenke på er alle helt forskjellige.

Det er på samme måte med de som har like skinnende åndelige lys og som vil oppholde seg på samme stedet. Hva hvis alle levde på et sted i himmelens evige kongerike? De som er frelst vil forstå hver andres hjerter og de ville ikke bli brydd. Men de som ikke har blitt frelst kan ikke virkelig forstå dem. Det er på grunn av dette at Gud oppdelte flere forskjellige oppholdssteder slik at mennesker med lignende omfatninger når det kom til åndelig skarphet kan oppholde seg komfortablet sammen.

Johannes' åpenbaring 21:23 sier, *"Og byen trenger hverken*

solen eller månen å skinne for den, for Guds ære har lyst opp det hele, og dens lampe er selve Lammet." Blant mange av de himmelske oppholdsstedene ligger byen det Nye Jerusalem som er den krystallklare kultivasjonen som Gud har planlagt. Dette er stedet hvor Gud kan dele Hans kjærlighet med Hans barn i all evighet. Gud har forberedt det Tredje, Andre, og det Første Kongerike i Himmelen, og Paradiset for de som ikke har fullstendig kultiverte hjerter og som ikke er kvalifiserte til å komme inn til det Nye Jerusalem.

La oss nå kikke litt på noen av egenskapene i hvert oppholdssted fra Paradiset til byen det Nye Jerusalem. Vi kan også kikke på hva slags mennesker som kommer inn til hvert oppholdssted.

Paradiset, er Oppholdsstedet for De Som Knapt Har Blitt Frelst

Gud sendte Jesus til denne jorden for oss som var på vei imot døden på grunn av våre synder. Jesus reddet oss fra alle våre synder gjennom Hans korsfestelse. Hvis vi tror at Han er den eneste veien til frelse og aksepterer Ham som vår personlige Frelser, da vil Gud gi oss den Hellige Ånd i gave. Så fort vi mottar den Hellige Ånd, da vil vår ånd som har vært død på grunn av Adams synder bli oppvekket, og vi kan så kalle Gud vår "Fader". Dette betyr at vi blir Guds barn, navnene våres blir skrevet ned i Livets Bok, og vi kan få statsborgerskap i det himmelske kongerike.

Men etter at vår døde ånd har blitt vekket opp, kan ikke denne ånden vokse hvis vi ikke praksiserer Guds Ord og kaster bort alle syndene. Vår ånd vil vokse til den grad hvor vi kaster bort våre synder. Vi kan komme inn til det Nye Jerusalem når vi har fullstendig tatt imot Guds tapte speilbilde ved å få en fullstendig ånd. Hvis vår ånd ikke blir voksen og hvis vi nesten ikke får noen frelse fordi vår tro er like lite som et sennepsfrø, da vil vi komme til Paradiset. Når det gjelder troens nivåer, er detet troen på det aller første nivået. Troens første nivå er nivået hvor vi mottar frelse gjennom skam.

Paradiset er et sted som har blitt laget med Guds kjærlighet og barmhjertighet. Gud har forberedt dette stedet for mennesker som har blitt frelst, men som ikke er verdige til å bli kalt Guds barn. Det er litt skamfullt å kalle dem Guds barn, men Gud kan heller ikke sende dem til Helvete. Men Paradiset vil egentlig ha plass til flere troende enn noen av de andre oppholdsstedene. Dette stedet er til og med bredere enn universet i den første himmelen. Menneskene i Paradiset vil være takknemlige og leve lykkelig i all evighet på grunn av at de ble frelst og ikke havnet i Helvete.

Selv om dette er det laveste oppholdsstedet i Himmelen, finnes det fremdeles ikke noe sted her på jorden som er like vakkert og vidunderlig og som det kan sammenlignes med. På den brede vidden som har perfekt harmoni med vakre blomster og grønne trær, kan en finne forskjellige dyr som vandrer omkring, og alle disse dyrene er like skjønne.

Her på jorden vil trær og blomster visne og råtne ettersom tiden går. Men trærne i Paradiset er alltid grønne og blomstene der vil aldri visne. Idet mennesker nærmer seg dem, vil blomstene sveve frem og tilbake eller åpne og lukke seg samtidig som de gir en vidunderlig aroma, som om de ønsker menneskene velkommen. Det finnes veldig mange slags frukter. De er litt større enn de vi har her på jorden og har en nydelig lys. Mennesker kan spise dem rett ifra treet fordi det ikke finnes noe støv eller insekter.

De kan sitte på grasset og ha vennlige samtaler mens de spiser frukten. Disse menneskene har ikke gjort noe for Guds kongerike når de levde, så de mottar ikke noen belønninger i Himmelen. Men de er bare så lykkelige fordi det ikke finnes noen sorg, sykdom, smerte eller død. I veldig spesielle tilfeller og begivenheter, kan noen av dem bli invitert til begivenheter i det Nye Jerusalem.

Men det finnes en stor forskjell med lyset mellom de som oppholder seg i det Nye Jerusalem og de som oppholder seg i Paradiset, så menneskene i Paradiset vil normalt ikke aksptere invitasjonen fordi de er altfor flaue til å gå. Når de besøker, må de følge visse ordre og tidspunkt. De vil bare være lykkelige for å kunne besøke den ærede byen det Nye Jerusalem, og det er også en stor lykke å dele det de har sett og erfart i det Nye Jerusalem etter at de kommer tilbake til Paradiset.

Selv om Paradiset er det laveste oppholdstedet i Himmelen, må vi ikke undervurdering hvor vakkert og lykkelig det er. Og selv om det er et sted for de som har blitt frelst gjennom skammen, er det fremdeles et sted som ikke kan bli sammenlignet med noe annet sted her på jorden når det gjelder skjønnheten, og det er bare vakrere enn Edens Have hvor Adam levde.

Himmelens Første Kongerike

Himmelens Første Kongerike er vakrere og mer lykkelig enn Paradise. Alt er miljømessig mye vakrere enn Paradiset. Dette er et sted for de om har akseptert Jesus Kristus, vekket opp deres døde ånder, og har prøvd å sette Guds Ord inn i handling, men som ikke helt har fullført det ennå. Det er nemlig for de som sitter på troens andre nivå i troens oppvekst.

I Himmelens Første Kongerike mottar de belønninger og et hus avhengig av hva de har gjort her på denne jorden. Husene i Himmelens Første Kongerike er akkurat som leiligheter her på jorden. Men de er bygget av gull og andre verdifulle edelsteiner avhengig av eierens smak. Det finnes heiser i bygningene, som blir kjørt med Guds makt, og de vil ta deg til hvilken etasje du vil uten at du engang må trykke på en knapp.

For de som kommer til Himmelens Første Kongerike, vil få en evig krone (1. Korinterne 9:25). Dette er akkurat som en deltagelses premie. De kjente til Guds Ord, men de praksiserte det ikke her på jorden. De visste at de måtte bli kvitt syndene, men de kastet ikke bort de fullmaktige syndene. Men Gud tar i betraktning deres anstrengelse med å praksisere Hans Ord som troen deres og gir dem belønninger deretter.

Det finnes mange vakre haver i det Første Kongerike i Himmelen. Det finnes også fritidsområder som for eksempel store parker med masse trær, fornøyelsesparker, tjern, stier til å spasere på, svømmebasseng, golfbaner, tennisbaner, o.s.v. Med untagelse av de individuelle stedene å leve og kronene som blir gitt, kan alt brukes av offentligheten. Det er i likhet med å ha parker eller idrettsplasser i leiegårder for offentligheten.

Det finnes ikke noen personlige godhjertede personer. Men mennesker kan motta ledelsen av engler over alt. Det er dette som hovedsakelig skiller den fra Paradiset. Når de for eksempel sitter og prater på en benk, da kan de spørre en engel om å gi dem litt frukt. Men i Paradiset må de selv hente fruktene. På denne måten er det en stor forskjell på måten en lever på mellom de som lever i Pardiset og de som lever i Himmelens Første Kongerike. De som oppholder seg i Himmelens Første Kongerike blir ikke sjalue på de som lever på et høyere oppholdssted. Alle føler seg forferdelig lykkelig og tilfreds på hvert eneste sted.

Himmelens Andre Kongerike

Himmelens Andre Kongerike er til og med lysere og vakrere enn det Første Kongerike. Bygningene som har blitt bygget med vakre edelsteiner er mye prektigere og vakrere. Antall forskjellige slags dyr og planter er mer forskjellige enn det i Paradiset og Himmelens Første Kongerike. Selv det samme dyret eller planten er vakrere enn de som er i Himmelens Første Kongerike. I dyrenes tilfeller er den fysiske nåden mer elegant og skjønnheten er mer praktfull, og farvene på fjærene og pelsen er mye mer skinnende. Det samme gjelder aromaen og farven på blomstene.

Himmelens Andre Kongerike er for de som praksiserer Guds Ord gjennom handling, men som ikke har blitt fullstendig frelst, det vil si for de som oppholder seg på troens tredje nivå. De kaster vekk alle syndene gjennom handling, men ble ikke fullstendig kvitt alle syndene i tankene og hjertet deres.

De vil få et et-etasje hus, og de vil få et navnskilt på porten. Disse husene er så mye vakrere og større enn noe annet herskapshus her på jorden. Den vanligste belønningen annet enn huset er ærens krone. De lovpriste Gud her på jorden til en viss grad, og det er derfor Gud gir dem ærens krone (1. Peter 5:4).

I tillegg til kronen og huset, kan de som kommer inn til det Andre Kongerike i Himmelen ha noe individuelt som de gjerne ønsker om. Hvis de gjerne vil ha et svømmebasseng, vil de få et vakkert svømmebasseng laget av vakre edelsteiner. Hvis de gjerne vil ha et tjern, da kan de få det. Hvis de vil ha en dansehall, da kan de få det. Hvis de liker å spasere, da kan de ha stier å spasere på som har mange planter og blomster langsmed stien og mange kjærlige dyr som vandrer rundt omkring.

Siden alle har forskjellige smaker, finnes det alle slags forskjellige steder, så de kan derfor besøke andres huser for å se og bruke disse forskjellige stedene sammen. I Himmelen vil alle tjene all, så det er derfor ingen som nekter noen som kanskje kommer på besøk til huset deres. Men de vil heller være lykkeligere fordi de så kan dele det de har. De besøkende søker heller ikke etter deres eget gagn, så de vil bare besøke innenfor høflighetens grense.

De som holder seg i Himmelens Andre Kongerike synes ikke synd på seg selv eller er misunnelige på det andre har selv om de bare selv har et sted. Men de er helelr takknemlige overfor Gud som har gitt dem en slik belønning som er mye mer enn det de gjorde her på jorden. En ting som de holder i tankene sine er at de ikke selv ble fullstendig renset i løpet av livet deres her på jorden. De vil være veldig flaue fordi de ikke fikk kastet vekk all onskapen, så de kan ikke heller ikke løfte opp hodene deres overfor Gud.

Himmelens Tredje Kongerike

Den forskjellige æren mellom det Andre Kongerike i Himmelen og det Tredje Kongerike er akkurat som forskjellen mellom himlene og jorden. Denne forskjellen vil komme an på om et individ ble fullstendig frelst. De som oppholder seg i Himmelens Tredje Kongerike ligger på troens fjerde nivå. De fullførte hellighet slik at de kunne få alle slags steder i belønning. De kan ha golfbaner, svømmebasseng, og dansesaler-det vil si at de kan ha alt det de vil ha slik at de ikke trenger å bruke noen andres hus.

Husene har flere etasjer, og de er så store og praktfulle at til og med billionærer her på jorden ikke kan imitere slike huser. De har endeløse haver fylt med blomster og trær som lukter veldig godt og som er vakkert dekorert. Mange slags fisker og med mange forskjellige farver svømmer i tjernet som utstråler briljante blendende lys. Disse husene er selvfølgelig mindre enn de i det Nye Jerusalem når det gjelder størrelse, skjønnhet, og glans. Når en prater i henhold til proposjoner kan vi si at det største huset i Himmelens Tredje Kongerike bare er 60 måleenheter hvis vi sier at jorden til det minste huset i det Nye Jerusalem er likt 100 måleenheter. Dette forteller oss at Gud er så lykkelig med de som kommer inn til det Nye Jerusalem.

Husene i Himmelens Tredje Kongerike gir en skjønn aroma og lyser så mye at huseieren vil ligne Gud. Felles tingen til husene i både Himmelens Tredje Kongerike og det Nye Jerusalem er at de ikke har navnskilter. Selve husene utstråler en enestående duft og et lys i likhet med polarlyset som representerer eieren, så alle vil vite hvem som eier huset selv om det ikke har et navnskilt. Det er også på grunn av at det er forholdsvis bare et par som kommer inn til Himmelens Tredje Kongerike eller det Nye Jerusalem blant alle de troende som kommer inn til himmelske kongerike.

Det gjelder ikke bare husene. Selv de samme gyldne veiene er mye lysere og mer kostbare enn de fra Himmelens Andre Kongerike. Siden de kan få alle de stedene de vil, får de også mange engler også i Himmelens Trdje Kongerike. Det finnes mange hjelpende engler som styrer huset og gjestene. Opp til Himmelens Andre Kongerike finnes det ingen personlige tjenere, men i det Tredje Kongerike og i det Nye Jerusalem blir det gitt engler til alle innboerne. De har også biler som ligner skyer som er for offentlig bruk, og de kan reise rundt om i det uendelige kongerike akkurat som de vil.

Livets krone blir gitt til innboerne i det Tredje Kongerike i

Himmelen. Dette er en grunnleggende belønning som de fikk fordi de bestod prøven om å gi livet deres til Herren (Jakob 1:12). De som lever i Himmelens Tredje Kongerike levde utrolige liv sammenlignet med de i det Andre Kongerike. Men til og med disse menneskene hadde noe de angret på når de ser det Nye Jerusalem. Det er derfor veldig viktig at vi tilfredstiller Gud ved å være trofast i alle Guds hus samtidig som vi kultiverer vår hellighet.

Det Nye Jerusalem, Oppholdsstedet for Personer som Har Den Fullstendige Ånden

Apostelen Johannes sa dette om saligheten av byen det Nye Jerusalem i Johannes' åpenbaring 21:11, "... *Hennes glans var akkurat som en kostbar stein, akkurat som en krystall klar jaspis.*"

Hele byen er omringet av Guds ære. Lysene som kommer ifra byen det Nye Jerusalem er så opphøyet og vakre at vi ikke kan stoppe og rope ut hvis vi ser dem. Det er et så vakkert og storslagent sted, langt utenom all vår fantasi. Det blir gitt til de som har blitt fullstendig hellige; de som har vært trofaste i alle Guds hus; og de som fulgte Hans vilje med en forståelse av Guds dype hjerte. Det er nemlig et oppholdssted for mennesker som har fått hele ånden og som har nådd troens femte nivå.

Denne byen er omringet av høye vegger som skinner av sterke lys, og dtete er grensen mellom det Tredje Kongerike i Himmelen og byen det Nye Jerusalem. Størrelsen på byen det

Nye Jerusalem har den samme bredde, høyde og lengde. Hver av dem er 12,000 takymetri (Johannes' åpenbarelse 21:16). En takymetri er en måleenhet for avstand, og 12,000 takymetri er omkring 2,400km.

Hvis du ser byen det Nye Jerusalem vannrett, er dette lengden og bredden, byens areale er 58 ganger så stor som Sør Korea. Men kalkuleringen av området er bare to-domesnjonalt. Det Nye Jerusalem er også 2,400km høy. Vi kan derfor ikke fullstendig forstå plassen i byen det Nye Jerusalem bare gjennom vårt begrep om areale.

Hver av de fire sidene til byveggene har tre perleporter, som alt i alt er 12 porter. Steinene i byveggens grunnlag er laget av tolv forskjellige slags dyrebare edelsteiner. Hver port er vaktet av en engel, og veiene er laget av rent gull som er like klart som krystall glass. Det finnes også veldig mange andre verdifulle edelsteiner i tillegg til de tolv steinene i grunnmuren. Noen av dem er så store at vi ikke kan forestille oss størrelsen på dem. Noen andre gir et dobbelt eller tredobbelt lag av forskjellige lys.

Innsiden av byen det Nye Jerusalem kan bli delt opp i området til Gud Faderen, Herren, og et område for den Hellige Ånd. I området til Faderen ligger husene til troens patriarker som var aktive i det Gamle Testamantets tider og som inkluderer, men ikke bare gjelder, Elias, Enok, Moses og Abraham. Til høyre og nedenfor Guds trone ligger området til Herren, hvor Herrens hovedslott med det gyldne taket ligger. Rundt slottet finnes mange andre bygninger med forskjellige farver og former. Nærmest ligger husene til Hans disipler Peter, Johannes, og

Jakob, og så husene til andre disipler.

Til venstre og nedover fra tronen til Gud ligger området til den Hellige Ånd, som generelt sagt utgir den myke og milde følelsen av en mor. I dette området ligger husene til de som har kommet frem som en hel ånd under det Hellige Ånds tid. Noen av husene har allerede blitt ferdige mens andre huser blir dekorert med vakre juveler, og er nesten ferdige. For noen av husene blir haven utvidet, fordi husets eier fremdeles redder flere sjeler her på jorden.

Husene i det Nye Jerusalem er like store og mektige som formektige slott. De vil få så mye land som de har fullført ydmykhet her på jorden, og de som oppholder seg i det Nye Jerusalem vil få et stort område for husene deres fordi de har kultivert veldig mye ydmykhet. Hvert hus har alt utstyret som eieren gjerne vil ha, og en kan lett se hvem som eier huset fordi det har blitt bygget i henhold til hvor mye tro, belønninger, og smak eieren har. Lyset fra Guds ære og juvlene som dekorerer hvert hus forteller oss hvor mye eieren har kultivert hellighet og hvor mye han/henne tilfredtilte Gud her på jorden. De får vakre belønninger i forhold til hvor mye de ga opp for Herren av det de likte, det de gjerne ville gjøre, og det de gjerne ville hatt.

Kronen med gull og kronen med rettferdighet vil generelt sagt bli gitt til de som kommer inn til det Nye Jerusalem. Gullkronen har mange slags dekorasjoner med kostbare steiner. Johannes' åpenbarelse 4:4 sier, *"Rundt tronen var det fireogtjue troner; og oppe på tronen så jeg det satt fireogtjue eldre, kledd i hvite kapper, og gyldne kroner på hodene deres."*

Gullet til den gyldne kronen er rent gull som ikke innholder noe annet. Det representerer den sanne troen som aldri vil forandre seg. Dette er en belønning som de hår på grunn av at de har nådd et spesielt nivå med hensyn til troen som tilfredstiller Gud.

Kronen med rettferdighet blir gitt til de som har kultiverte rene hjerter som er ukladerlige og uten flekker og som er trofaste mot Guds kongerike (2. Timoteus 4:7-8). Utenom kronen med gullet og rettferdigheten, vil det også bli gitt andre slags kroner til de som kommer inn til det Nye Jerusalem. For hver begivenhet hvor de ga stor ære til Gud mens de oppholdt seg her på jorden, vil de få en krone i belønning.

Utenom disse, er det også mange andre ting som Gud har forberedt for oss i byen det Nye Jerusalem. Johannes' åpenbaring 21:2 sier, *"Og jeg så den hellige byen, det Nye Jerusalem, som kom ned ifra himmelen ifra Gud, gjorde seg klar som en brud som var pyntet for hennes mann."* Akkurat som bruder pynter seg med de vakreste tingene på bryllupsdagen, har Gud forberedt byen det Nye Jerusalem som den vakreste, mest komfortable, og det triveligste og lykkeligste stedet blant alle de himmelske oppholdsstedene.

Forskjellige farver som skinner ifra briljante edelsteiner fra hvert hus vil gi en perfekt farget harmoni. Noen hus har et stort tjern, en stor skog, en stor åker, vidunderlige dekorerte haver, fritidssteder, masse fugler og vakre dyr. Bare det i seg selv å komme inn til det Nye Jerusalem vil røre ved menneskers hjerte.

De vil nyte lykken i all evighet gjennom æren og følelsene som ikke riktig kan bli beskrevet.

Det finnes ikke mange som har kommet inn til det Nye Jerusalem siden begynnelsen av den menneskelige kultivasjonen. Gud vil gjerne at alle skal komme frem som Hans sanne barn og komme inn til det Nye Jerusalem, men det finnes så mange flere mennesker som bare knapt har blitt frelst. De er alltid takknemlige bare for det faktum at de ikke falt ned i Helvete, og at de istedenfor kan nyte en god hvile i Paradiset.

Lykken som de føler i Paradiset kan ikke engang bli sammenlignet med lykken i det Nye Jerusalem. Dette er også veldig forskjellig ifra lykken som de føler i Himmelens Første Kongerike. Det finnes mange forskjeller i omgivelsene og andre forhold i hvert av himlenes oppholds steder ifølge Guds dommer, og dette er egentlig Guds kjærlige belønning for oss. Han tillot at de som holdt seg på et liknende åndelig nivå å leve sammen slik at de vil føle den beste friheten og lykken i hvert oppholdssted. På denne måten vil menneskene leve i hvert deres himelsk bosted, og for et slikt liv vil de ha en åndelig kropp som er best passende for det åndelige rike.

2. Kapittel

Ånden, Sjelen og Kroppen i det Åndelige Riket

Guds gave vil bli gitt i forskjellige måleenheter ifølge hvor mye vi har kutivert ånden, sjelen og kroppen som tilhører ånden mens vi lever i den fysiske verdenen.
Han gir oss æren som vi nyter i vårt himmelske oppholdssted, og også klær, kroner, og andre dekorasjoner ifølge hva vi har gjort.

1. Åndelig Versjon

2. Sjel og Kropp som Tilhører Ånden

3. Guds Gave

I filmer eller TV drama kan vi noen ganger se at ånden, som ligner nøyaktig på et menneske, kommer ut ifra kroppen. Ånden som har kommet ut ifra kroppen ser kroppen som ligger der og vil lure på, "Hvorfor ligger det et menenske her som ligner meg?" Er en slik ting bare en fiksjon som bare eksisterer i filmer eller TV drama? Bibelen skriver om tilstedeværelsen av det åndelige riket og vår sjel.

For at vi kan leve i himmelens evige kongerike senere, må vi ha en ånd, sjel og kropp som tilhører det åndelige riket. Alle mennesker er født med en død ånd på grunn av Adams synder. På grunn av dette lever de iføle deres lyster. Men så fort de aksepterer Jesus Kristus og mottar den Hellige Ånd, da kan deres døde ånd bli oppvekket, og de kan bli Guds sanne barn som lengter etter det åndlige riket.

Gud skapte menneskene og har kultivert menneskene akkurat som bønder sår frøene i åkeren og kultiverer dem. Bare når vi forstår Hans forsyn, kan vi vekke opp vår døde ånd og få vår ånd, sjel og kropp til å tilhøre ånden. Vi kan nyte livet i himmelens evige kongerike siden vi bare kan få en fullstendig himmelsk kropp når vi tar imot ånden, sjelen, og kroppen. Det som er riktig for livet i den tredje himmelen, lysets sted.

Hvordan vil vi se ut på dette stedet med lys? Her på jorden har vi ånden, sjelen, og kroppen som er passende for det fysiske stedet. For at vi kan leve i himmelens evige kongerike senere, må vi ha en ånd, sjel og kropp som tilhører det åndelige riket.

1. Åndelig Versjon

Åndelig form er utformingen av ånden. Det kan også bli sett på som et kar som inneholder ånden. Hver person som blir reddet har en form som tilhører himmelen, og æren til hver av dem er forskjellig. Lyset til den åndelige kroppen er forskjellig i forhold til hvor mye hellighet hver person har. Vi vil få den oppståtte kroppen, og så vil vi få den perfekte himelske kroppen etter dette.

Form er en innholdets utforming. Når vi ser en engel som flyr oppe i luften, da kan vi si at det er en engel fordi den har en uvanlig form. Løver har utformingen av en løve og ørner har utformingen til ørner, slik at vi kan skille dem fra hverandre.

Den fysiske kroppen er den fysiske formen som vi kan se med våre øyne. I menneskenes tilfelle, har vi en form som tilhører denne jorden, det vil si vår fysiske kropp, men vi kan også ha en åndelig form som tilhører himmelen.

1. Korinterne 15:38-40 sier, *"Gud lar det få den skikkelse som Han vil, hvert enkelt slag får sin egen skikkelse. Ikke alt kjøtt er av samme slag. Det er et slag hos mennesker, ett hos fe, ett hos fugl og ett hos fisk. Og det finnes også himmelske kropper og verdslige kropper, men æren til de himmelske er en, og æren til den verdslige er en annen."* Akkurat som vi har en synlig form som er vår fysiske kropp, har også en ånd en form. Vi kan si at den åndelige formen er karet som holder selve ånden. Men for menneskene vil innholdet av sjelen ikke bli slukket men forbli i den åndelige kroppen når livene våres her på jorden

er over. Lysene til den åndelige kroppen er forskjellig i forhold til hvor mye en person har praksisert sannheten her på jorden. Den åndelige kroppen til hver person er forskjellig, og dette betyr at en kropp vil skille seg fra en annen. Når vi ser lyset fra den åndelige kroppen, da kan vi til og med se hvilket himmelsk oppholdssted som hver person vil arve hvis Gud vil tilkalle ham her og nå.

Den åndelige formen er ikke bare en skygge. Dens form er distinktly solid. Og selv om det virker som om den har en vektmengde, finnes det ingen. Og selv om det føles som om den er vektløs, har den tyngde. Det er akkurat som å plukke opp et stykke med fint silkepapir. Det virker ikke som om den veier noe, men egentlig har den en tyngde. Men dette betyr ikke at ånden er så svak at den kan blåse bort av vinden. Den er så lette at den kan ikke bli veid, men den er stabil.

Adams Åndelig Form

Adam er den første mannen som Gud skapte. Gud laget delikat alle hans innvoller, bein, og hele formen av menneske, og han ble et levende menneske, nemlig en levende ånd, når Gud pustet livets ånde inn i hans nesebor. Adams hjerte begynte å slå, hans blod begynte å sirkulere, og hans organer og celler begynte å fungere. Han var et godt menneske som hadde kjøttet og beinene som aldri ble eldre og som aldri ville dø. Når Gud også pustet livets åndedrag inn i ham, fikk Adams ånd nøyaktig den samme formen som hans fysiske kropp. Akkurat som Adams kropp hadde en form, fikk også hans ånd en form som lignet hans fysiske kropp. Ånden til Adam som kunne kmmunikere med Gud og hans sjel som kunne tjene ånden satt inne i kroppen til Adam.

Adam kunne leve etter Guds Ord og kommunikere med Gud fordi hans sjel og kropp adlød hans ånd. Når han ble skapt, ble ånden hans sittende inne i den åndelige kroppen som liknet et blankt papir. Så Gud ledet ham til Edens Have og lærte ham om åndens kunnskap. Og Gud sa til Adam, *"... men fra treet med kunnskapen om det gode og det onde skal du ikke spise, for den dagen du spiser ifra det da vil du med sikkerhet dø"* (1. Mosebok 2:17).

Etter at de hadde oppholdt seg i lang tid i Edens Have, spiste Adam fra den forbudne frukten som Eva ga ham, som hun hadde spist av etter at Satan hadde fristet henne. På grunn av dette ble det akkurat som Gud hadde sagt, "Du vil helt sikkert dø," og Adams ånd døde. Og dermed ble det slutt på hans kommunikasjon med Gud.

Adams ånd kom selvfølgelig ifra Gud, så den kan aldri bli helt borte. Livets åndedrag som Gud pustet inn i Adams nesebor har egenskapen med udødelighet. Det vil si at den har egenskapen med at den vil 'aldri forsvinne.'

Og her si at hans ånd døde betyr at kommunikasjonen med Gud ble brutt og dens aktivitet ble fullstendig stoppet. Siden hans ånd ikke lenger var aktiv, tok sjelen over herrens plass og den styrte nå over kroppen. Siden Adams nedgang begynte kunnskapen av ånden som hadde holdt Adam som en levende ånd å lekke ut. Så begynte de kjødelige egenskapene som tilhørte mørket å komme inn til den åndelige formen. Fra dette øyeblikket av ble Adams kropp styrt av den fysiske orden. Han ble en skapning som nå måtte forandre seg, ble eldre, og som til slutt måtte dø.

Den Åndelig Formen til en Person Når Han Dør

Når det gjelder mennesker vil deres ånd og sjel holdt inne i den åndelige formen og de vil eksistere i all evighet etter at deres fysiske kropp dør. Sjelen blir ikke borte selv etter at den fysiske døden fordi den er kombinert med ånden og fortsetter med å anvende sjelen. Selv etter at kroppen er død og hjernen ikke lenger fungerer, vil kunnskapen som sitter inne i hjernen forbli i den åndelige formen. Tankene og følelsene vil også bli igjen. Denne kombinerte ånden og sjelen er kjent som den "åndelige sjelen," men i de fleste tilfeller refererer vi til dem som 'ånd'.

Hvis en på den ene siden aksepterer Jesus Kristus og lever ifølge Hans Ord, og en har fått rettigheten til å komme seg inn til lysets plass, da vil hans åndelige form skinne. Men hvis ens ånd er død fordi an på den annen side ikke har noe fellsskap med Gud som er selve Lyset, men lever i syndene og ondskapen og blir flekket med verden, da vil hans åndelige form bare være mørk.

Utseende til de som har blitt reddet og de som ikke har blitt reddet vil bli i rake motsetninger fra hverandre når de dør. De som ikke blir frelst vil vanligvis dø på grunn av frykt og med øynene deres åpne, men de som blir freslt vil dø i fred med øynene deres lukket. De vil se at det finnes en Himmel og et Helvete når deres ånd kommer ut av kroppen deres.

Noen av disse som ikke har blitt frelst vil se at budbringerne fra Helvete venter på dem. Budbringerne fra Helvete er fylt med mørket fra topp til tå. De viser seg i sorte kapper. De har bleike ansikter, sort-røde lepper, og veldig mørk energi under øynene deres. Hvor fullstendig full av frykt ville en ikke bli når budbringere ifra helvete med et slikt grotesk utseende kom imot dem! På dette tidspunktet finner han ut at det helt sikkert finnes en Himmel og et Helvete og han vil dø i frykt. Men det er for sent for ham. Det vil ikke hjelpe ham at han nå angrer på hans fortid. Han kan ikke flykte fra at han blir dratt ned i Helvete.

Men de som holder på troen deres og lever et godt Kristelig liv behøver ikke å være redde for noe. De ser to engler i hvite kapper som ventet på dem like før de døde, så ansiktene deres er strålende og de har fått fred. På dette tidspunktet blir ånden deres skilt ifra kroppen deres, de vil føle seg overveldet og ubeskrivelig lykkelig og full av glede.

En av våre kirkemedlemmer døde etter at han hadde levd et troende liv i kirken vår. Hun hadde et virkelig godt hjerte og var så vennlig at hun aldri hadde noen problemer eller kranglet med noen. Hun holdt fred med alle og hun sa bare gode, kjærlige, og sanne ting med vennlighet. Hun elsket Gud lidenskapelig så henens første prioritet var alltid Guds arbeide. Hun sparte ikke på hennes liv hvis det angikk Guds kongerike. Jeg kunne se veldig sterke lys skinne ut fra hennes begravelses sted. Når jeg så englenes respekt som kom til henne for å ta hennes ånd, kunne jeg bare fantasere om hva slags himmelsk oppholdssted hun ville komme inn til.

Den Åndelig Formen til de som blir Frelst

Når en person som har blitt frelst dør her på jorden, da vil hans ånd trekke seg ut av hans kropp. Det er nå to engler som ledsager hans ånd og som fører ham til ventestedet i Himmelen. Før Herrens oppstandelse, var det den Øvre Garven som var ventestedet for Himmelen. Men etter Hans oppstandelse ble dette forandret på. Sjelens (den åndelige sjelen) oppholder seg på et annet ventested på utsiden av Paradiset. Sjelene som ble reddet under det Gamle Testamentets tider ble også flyttet til dette ventestedet.

I det Nye Testamentets tider, vil åndene til de som er frelst forlate kroppen deres først komme til den Øvre Graven. De oppholder seg der i tre dager for å kunne innrette seg til det åndelige riket og motta treningen og kunnskapen som er nødvendig for det åndelige riket. Etter dette blir de flyttet til ventestedet på utsiden av Paradiset. Forløpet av den menneskelige kultivasjonen vil slutte ved slutten av Herrens andre nedkomst. Etter dette kommer Millenium Kongerike, og når også dette er over, vil det komme den Store Hvite Tronedommen. Gjennom Dommen vil Gud gi hver person et himmelsk oppholdssted og belønninger i henhold til hans/hennes gjerninger.

Hva slags utseende vil den åndelige form til de som har

blitt frelst ha? Hvis vi kjenner til den åndelige formen, da kan vi lettere forstå oppstandelsen og henrivelsen. Hvis en dør i barndommen, vil også hans åndelige form ha et barnslig utseende. Hvis han døde i ungdommen, da vil også hans åndelige form virke ung. Hvis en ikke dør før en blir gammel, da vil også hans åndelige form se gammel ut. Men åndelige former har ikke skjegg, uførheter, arr eller rynker. Selv om en dør av en sykdom vil hans åndelige form fremdeles være frisk og vakker. De eldre menneskenes åndelige form vil ligne utseende til den fysiske kroppen når en døde. Men de ser ikke skrøpelige ut, men virker som om de er friske og har en energisk kropp.

De vil alle ha hvite kapper og deres åndelige former vil utstråle. Styrken av lysene er forskjellig fra person til person. Jo mer hellighet en har oppnådd, jo sterkere og vakrere er lyset. I samsvar med hvor sterkt lyset er, vil også det himmelske oppholdsstedet og æren som de hver får være forskjellig. Lengden på kvinnenes hår vil være forskjellig ifølge hvor mye hellighet de har kultivert. 1. Korinterne 11:15 sier, *"... men hvis en kvinne har langt hår, er dette en lovrpisning for henne? For hennes hår er et dekke for henne."*

For de kvinnene som kommer inn til Paradiset, Himmelens Første eller Andre Kongerike, vil få hår ned til skulderen. For de kvinner som kommer inn til Himmelens Tredje Kongerike vil ha hår ned til midten på ryggen, og for de som kommer inn til det Nye Jerusalem vil ha hår til livet. Men for menner vil hårlengden være den samme, og det vil strekke seg ned til nakken. Håret i

Himmelen er krøllete og lyst for både menn og kvinner.

Den åndelige formen på ventestedet i Himmelen har ennå ikke blitt fullført og perfekt. De vil fremdeles vente på Herrens andre nedkomst, som vil bli deres oppstandelse. De kan bare få deres oppvekkede kropp når Herren igjen viser seg.

Den Oppståtte Kroppen

Når Herren kommer tilbake, da vil de sjelene som sitter i Himmelens ventested bli kombinert med deres fysiske kropp som ville blitt oppstått fra graven deres. Det er derfor Bibelen sier at de som hadde troen når de døde, ikke virkelig er døde men at de bare sover. Kroppene deres som er døde og begravd vil bli vekket opp og tatt opp til himmelen, og igjen forene seg med deres respektive åndelige sjel. Vi kaller denne forenede kroppen, den *'oppvekkede kroppen'*.

Hvis kroppen hadde blitt til en hånd full med støv i graven etter en lang periode, eller hvis den har blitt kremert, hvordan kan den så bli vekket opp og forenet med ånden? Selv om vi ikke kan se den, ingrediensene som utgjør kroppen eksisterer fremdeles her på jorden. Ved Herrens nedkomst vil alle disse ingrediensene komme sammen og vekket opp at Guds makt. Denne kroppen vil samle seg sammen med den åndelige sjelen og så bli til den fullstendige ånden, sjelen og kroppen.

De som deretter mottar den levende Herren vil også bli til en åndelig kropp og bli fanget opp i himmelen. Dette er kalt "Henrykkelse". Det kan bli sammenlignet med en kjempestor magnet som trakker jernstøv opp til luften.

1. Tessalonikerne 4:16-17 sier, *"For selve Herren vil komme ned ifra Himmelen med et rop, med stemmen til basunengelen og med Guds trompet, og den døde Kristus vil først vekkes opp. Da vil vi som lever og som er igjen bli samlet opp sammen med dem i skyene for å møte Herren opp i skyene, slik at vi alltid kan holde seg sammen med Herren."*

1. Korinterne 15:51-53 sier, *"Se, Jeg sier dere en hemmelighet: Vi skal ikke alle sovne inn, men vi skal alle forvandles, brått, på et øyeblikk, ved det siste basunstøt. For basunen skal lyde, de døde skal stå opp i uforgjengelighet, og vi skal bli forvandlet. For det forgjengelige må bli kledd i uforgjengelighet, og det døde må bli kledd i udødelighet."*

Disse frelsede sjelene vil møte Herren oppe i skyene og holde seg i en bryllupsmiddag i sju år. Her refererer "skyene" til et spesielt sted som blir gitt og som ligger på den ene siden av Eden i den andre himmelen. Eden er et endesløst sted som inkluderer Edens Have. Den Sju-år lange Bryllupsfesten er en tid hvor de frelsede sjelene kan bli trøstet og kan nyte seg selv. Det er for å feire forsøkene som ble lagt ut i denne perioden med menneskenes kultivasjon her på jorden. Det er også en tid til å takke Gud og minnes deres tid her på jorden.

Når de ble omgjort til den oppvekkede kroppen, da vil de kunne se hvor mye frelse de hadde oppnådd gjennom kultivasjonen av Herrens hjerte. De vil også da ha en svak forståelse på hva slags belønning og lovrpisning de senere vil motta den Siste Dommedagen. De vil komme til den Sju-år lange Bryllupsfesten oppe i skyene i den oppvekkede kroppen, og etterpå vil de komme ned hit til jorden for å bli i tusen år.

Så hvordan er så den oppståtte kroppen forskjellig ifra den åndelige formen? Den oppvekkede kroppen og den åndelige formen vil hver forstå den åndelige plassen på veldig forskjellige måter. Den åndelige formen kan ikke alene være en fullstendig kropp på det åndelige stedet. Vi kan si at en har den grunnleggende formen for å kunne leve i det åndelige riket når han har den oppståtte kroppen. Den åndelige formen har det samme utseende som personen hadde da han døde, men den oppståtte kroppen vil til alle mennesker ligne en en på treogtredve år.

Jesus var ferdig med Hans verdslige liv når Han car treogtredve år gammel. Treog tredve år gammel er høyde punktet i ens liv akkurat som solen er sterkest klokken midt på dagen. De ville være voksne nok men heller ikke for gamle til å ha en full energi og styrke. De vil ha fått en voksen skjønnhet etter at de har passert 20 årene. Sammenlignet med blomster, er dette i likhet med dem når de er i full blomst.

Av denne grunnen ga Guds Hans barn en åndelig kropp gjennom Hans utseende når Han var treogtredve. Mennenes høyde vil være rundt 190com og for kvinner vil det være rundt 170cm. Ingen vil være for tykke eller for tynne; alle vil ha det skjønneste utseende.

Den oppståtte kroppen er virkelig. Det kan fysisk sett bli følt med hendene siden det sammen er ånden og sjelen med den oppståtte kroppen. Jesus Kristus er den som viste oss denne oppståtte kroppen. Den oppståtte Herre viste seg til Hans disipler og sa, *"Så Mine Hender og Mine Føtter, det er Jeg. Ta på Meg og se! En ånd har ikke kjøtt og bein, som dere ser at Jeg har"* (Lukas 24:39). Akkurat som Han sa har den oppståtte kroppen både kjøtt og bein.

Den oppståtte kroppen er også en udødelig kropp som ikke er bundet av de fysiske grensene her i verden. Den oppståtte Herren viste seg overfor disiplene som gikk gjennom veggene akkurat som det stod i Johannes 20:19, 26. I Johannes 20:22, stå det at Jesus 'pustet på dem.' Den oppståtte kroppen kan puste og kan også spise og drikke. Den oppspiste maten vil forsvinne og bli pustet ut. Hvor utrolig er det ikke at den oppspiste maten kan bare bli pustet ut gjennom en behagelig aroma og så forsvinne i luften.

I Lukas 24:41-43 er det skrevet, *"Mens de fremdeles ikke kunne tro på all deres lykke og forundring, sa Han til dem, 'Har du noe å spise her?' De ga Ham et stykke stekt fisk; og Han tok et og spiste det rett foran dem."* Herren spiste like foran Hans disipler for å gi dem troen på oppstandelsen og for å få dem til å bli kjent med den oppståtte kroppen. Det var også for å la dem bli kjent med det faktum at en åndelig kropp kan spise. Maria Magdalena og disiplene gjenkjente ikke den oppståtte Jesus med det samme. Det var på grunn av lyset som kom ut ifra den oppståtte kroppen. Den oppståtte kroppen har ingen arr, men Jesus viste ham Hans hender når Han så at Thomas nølte. Jesus lot Thomas se arrene slik at han kunne få tilbake troen.

Den Perfekte Himmelske Kroppen

Det har blitt forklart at de som vil ha en oppstått kropp vil bli fanget og tatt opp til himmelen til den Sju-år lange Bryllupsfesten. Etter dette vil de komme ned hit til jorden igjen i løpet av Millenium Konegerike i den samme kroppen. Når dette er over, vil de arve deres riktige himmelske oppholdssted gjennom den Store Hvite Tronedommen. Når dette skjer vil de endre seg til den perfekte himmelske kroppen, som kan bli sett på som en åndelig kropp på et nivå som er høyere enn den oppståtte kroppen. Så hvorfor lot Gud oss ha et midlertidig sted? Hvorfor mottar vi den oppståtte kroppen og ikke den perfekte himmelske kroppen fra begynnelsen av?

Dette er hovedsakelig på grunn av at det himmelske kongerike som ligger i den tredje himmelen og som er stedet for den Sju år lange Bryllupsfesten i den andre himmelen vil ha mange forskjeller inkludert hvor åndelige de er og tidstabbelen. Av denne grunnen vil Gud gi oss kroppen som best er passende for hvert sted. De felles faktorene som den åndelige formen, den oppståtte kroppen, og den perfekte himmelske kroppen er at de alle viser et annerledes skinn når det kommer lysene som likner polarlysene og som skinner ifølge hvor mye hellighet en har oppnådd. I tillegg til at de utgir forskjellige slags lys ifølge hver persons hellighet, vil den perfekte kroppen også vise lovprisningens belønning som hver person mottar ifra Gud. Dette er den største forskjellen mellom den oppståtte kroppen og den perfekte himmelske kroppen.

Når den himmelske kultivasjonen er over, vil hver persons nivå med frelse ta slutt, og mengden av belønninger vil være i forhold til dette. En kan derfor se forskjell på lovprisningen og belønningene når en ser det åndelige lyset fra hver person. Men alle tingene vil bare bli klart og tydelig avslørt etter den Store Hvite Tronedommen. En vil bare ha en perfekt himmelsk kropp etter at Gud offisielt har anerkjent og proklamert æren og belønningene som blir gitt til hevr person.

Ærens Lys

Det brilliante lyset som lignet den åndelige formen er forskjellig i forhold til hvor mye hellighet hver person har oppnådd her på denne jorden. Av denne grunnen er denne glansen kalt 'ærens lys'. Jo mer hellighet en har og jo mer likhet med Herren en har fått, jo klarere og sterkere vil lyset være. Vi vil også kunne fortelle om rangen i den åndelige orden bare ved å se de klareste lysene. De som spesielt oppholder seg i Himmelens Andre og Tredje Kongerike vil ha veldig forskjellige utseender. Dette er fordi ærens lys, de klærne de har på seg, mønstrene og pynten på klærne deres, og deres hårfasonger vil være annerledes.

Johannes' åpenbaring 19:8 sier, *"Det ble gitt til henne for at hun kunne kle seg selv i fint lin som var rent og skinnende; for det fine linet er de rettferdige handlingene til de hellige."* Akkurat som det ble sagt vil både menn og kvinner ha på seg fine skinnende hvite klær oppe i Himmelen.

Klærne er like myke som silke og de vil blafre i vinden på

grunn av deres letthet. Det finnes ikke noe støv og mennesker vil heller ikke svette, så klærne deres vil derfor aldri bli skitne selv om de har dem på seg i lang tid. Det finnes mange slags utsmykninger og forskjellige mønster, som gjør dem mye mer praktfulle og vakre enn noen annen kjole her på jorden. Regnbuens farver og andre forskjellige farver fra lysene vil også strømme ut fra klærne.

Det finnes klær fra hverdagen, festkjoler, klær for gudstjenester, fritidsklær, og til og med klær for forskjellige leker. De kan ha riktige plagg til alle anledninger. I Himmelen vil mennesker få belønninger ifølge deres gjerninger her på jorden. Så hver og en av dem vil motta forskjellig slag og antall klær. Noen av dem har bare noen mens andre har masse forskjellige slags klær. Det å anerkjenne ens ære gjelder selvfølgelig ikke bare våre klær. Vi kan også bli anerkjent for vår ære og belønninger gjennom våre kroner som vi har på hodene og deres pynt.

Antall, hva slags kroner, lyset på dem og skjønnheten av kronene som de får vil også være forskjellig i forhold til hvordan vi kultiverer helligheten og arbeider trofast for Guds kongerike gjennom Troen. Kompaktheten, planen, og klarheten av farvenes glans er forskjellig i hvert himmelsk oppholdssted. Men selv klærne på det laveste oppholdsstedet i Himmelen vil være vakrere, mer overveldende, og klarere i farver enn noen andre klær her på jorden. Den perfekte himmelske kroppen er så vakker at den ikke trenger noen annen pynt eller smykke, men Gud vil gi klærne, kronene, og andre tilbehør ifølge ens gjerninger.

2. Sjel og Kropp som Tilhører Ånden

De frelsede barna til Gud vil leve i Himmelen i den perfekte himmelske kroppen etter den Store Hvite Dommedagen. Den perfekte himmelske kroppen har sjelen som adlyder ånden og en åndelig kropp som ikke lager noe som helst kroppslig avfall.

Hvorfor er det så viktig å forstå ånden, sjelen, og kroppen? Det er fordi vi må seire over ånden og sjelen og kroppen som har endret seg på grunn av syndene til Adam. Dette er også grunnen til at Gud kultiverer menneskene her på jorden. Når vi aksepterer Jesus Kristus og mottar den Hellige Ånd, da vil vår døde ånd bli vekket opp, og så må vi få tilbake ånden vår. Helt til den grad hvor vi får tilbake vår ånd, vil vi ha sjelen og kroppen som tilhører ånden. Vi kan da bli mennesker som tilhører ånden.

Når en har en sjel og kropp som tilhører ånden, vil dette si at en har tilstand hvor 'sjelen blomstrer'. Dette har blitt skrevet ned i 3. Johannes 1:2 som sier, *"Kjære, jeg ber at dere i all respekt vil bli vellykkede og friske, akkurat som din sjel vil blomstre."*

Så fort en persons sjel vil vokse, da kan personen stoppe tankene som tilhører det kjødelige. Hvis de gjerne vil stoppe og tenke på noe, da kan dette bli gjort med det samme. En person kan stoppe og lukte og høre visse ting. Sensasjonen angående smerte kan bli brukt eller ikke brukt akkurat som en selv vil. Siden tanker og følelser kan bli kontrollert gjennom ens vilje, finnes det alltid lykkelig fullhet og takknemligheter (Romerne 8:6). En slik person er frisk og alle tingene kan gå ham godt.

Sykdommer kan ikke ramme ham fordi han også har kontroll over hans kropp. Selv om han blir syk på grunn av en feiltakelse, kan han overvinne det med det samme gjennom troen.

Sjelen som Tilhører Ånden

Adam som var den første mannen som Gud skapte, var en levende ånd, og han hadde en ånd, sjel og kropp som tilhørte ånden. Ånden var hans herre. Det styrte hans sjel og kropp gjennom sannheten. Men fra han syndet og hans ånd døde, måtte hans ånd, sjel og kropp tilhøre det kjødelige. Når mannen var en levende ånd, fikk han bare sannheten ifra Gud, og han hadde derfor sjelens funksjon som bare tilhørte ånden. Men Satan fikk kontroll over menneskets sjel siden ånden til mennesket døde. Med en død ånd kunne ikke mennesket lenger bruke sjelen som tilhørte ånden.

Men etter at en person aksepterer Jesus Kristus, kan han igjen få kontroll over sjelen som tilhører ånden til den grad hvor han oppnår ånden gjennom den Hellige Ånd og adlyder Guds Ord. Hans feilaktige kunnskap og teorier og hans tanker som ikke tilfredstiller Gud vil endre seg til sannheten. Det har blitt skrevet i 2. Korinterne 10:5, *"Vi river ned tankebygninger og alt stort og stolt som reiser seg mot kunnskapen om Gud. Vi tar hver tanke til fange under lydigheten mot Kristus."*

Mennesker vil helt naturlig motta Satans arbeide i den grad hvor sjelene deres tilhører kjøttet. Selv om de prøver å anvende sjelen som tilhører ånden, kan de ikke gjøre akkurat som de vil.

De må derfor fortsette med å prøve å endre på deres anvendelse av sjelen til de kan gjøre det gjennom sannheten ved og hele tiden sjekke tankene, ordene og gjerningene deres. Idet de hele tiden prøver gjennom iherdige bønner, vil de kunne oppnå sjelens anvendelse som tilhører ånden gjennom nåden og makten til Gud og ved hjelp av den Hellige Ånd.

Sjelen som tilhører ånden adlyder ånden, fordi ånden som er menneskets opprinnelige herre, utfører deres rolle som deres herre. Denne personen vil så bare ha tanker med godhet, kjærlighet, og sannhet fordi han bare har sjelens virkning som tilhører ånden. Selv om andre for eksempel er uhøflige eller gjør noe ondt imot ham, vil en person som har en sjel som tilhører ånden ikke få såret hans følelser. Han ønsker bare fred og forstår andre uten å måtte krangle med dem. Istedenfor å ha ergrende følelser, vil han heller ha sympati overfor andre hvis de er onde.

Og selv for de menneskene som har sjeler som blomstrer, vil de fremdeles ha usannhet som ble sittende i hukommelsen deres. Men selv om hukommelsen er der, kan ikke Satan arbeide med det hvis usannheten har blitt kastet vekk ifra hjertet. Og de vil da naturlig bare ha sjelens virksomhet som tilhører ånden. De følger ledelsen av den Hellige Ånd, slik at de ikke ser tingene som de ikke burde se. De verken dømmer eller fordømmer andre, og de lever ifølge sannheten.

Hvis de fortsetter med å ha sjelens virksomhet som tilhører ånden, kan sjelens virksomhet som tilhører det kjødelig fullstendig bli borte. Det blir til at de hater å se, høre eller si noe som ikke er sannheten. Dette betyr at karet i hjertet deres er fullstendig fyllt med sannheten. Siden usannheten har blitt fullstendig fjernet fra hjertet deres, vil også deres usannhet forsvinne fra tankene deres. Hvis vi på denne måten bare fyller hjertene våres med sannhet og fyller det fullstendig opp, da vil vi bare sitte med sjelen som tilhører sannheten.

Sjelen Kjenner Alle Men Vil Bare Tenke Gjennom Sannheten

Vi kan komme til Himmelen senere, det er ikke bare vår ånd som kommer til Himmelen. Vår sjel vil også ha tatt hensyn til i den åndelige formen. Denne sjelen er sjelen som tilhører ånden, det vil si sannheten. Bare den delen av vår sjel som har blitt kvitt usannheten og som har blitt kultivert som sannheten vil forbinde seg med ånden. Betyr dette at vi vil kjenne til noe om usannheten når vi oppholder oss i Himmelen? Nei, det gjør det ikke. Vi vil kjenne til usannheten og med til og med mer detalje enn det vi nå gjør.

1. Korinterne 13:12 sier, *"Nå ser vi i et speil, i en gåte, da skal vi se ansikt til ansikt. Nå forstår jeg stykkevis, da skal jeg erkjenne fullt ut, slik Gud kjenner meg fullt ut."* Speilene som ble brukt for circa 2,000 år siden var pussede plater av sølv, bronsje, eller stål, og de var uklare i forhold til dagens moderne speil. De kunne se den generelle formen av tingene, men tingene var ikke tydelige i speilene. Men speilene som vi i dag har er veldig klare. Det samme gjelder Himmelen. Vi vil kjenne til alt veldig klart og tydelig, selv de tingene som vi ikke kjenner til her på jorden.

Så lenge vi har sjelene som tilhører ånden, selv om vi tenker på ting som ga oss skam og fornedrelse her på jorden, vil vi ikke tenke på usannheten eller tenke på noe ondt om dem. Vi vil bare tenke på ånden og sannheten gjennom mildhet, fred og barmhjertighet.

Og Forstå Hverandres Åndelige Hjerte

Andre menneskers hjerter kan bli følt og riktig erkjennet i Himmelen, og vi vil kunne forstå og ha sans for andres følelser. De har heller ikke noen ondskap i hjertene deres, og det oppstår derfor heller ikke noen misforståelser og det er heller ikke noen fordommer eller dømmelse. De vil spesielt i det Nye Jerusalem fullstendig forstå hverandres hjerte gjennom ånden. Hvert eneste ord de sier vil inneholde overveielse, kjærlighet, og tjenelse ved å røre ved andres hjerter. De forstår Gud Faderns og Herrens hjerter og også andre menneskers hjerter, så de vil forstå hva slags sinn og følelser Gud hadde mens de gikk gjennom den menneskelige kultivasjonen her på Jorden; de vil også kunne forstå hva slags følelser Herren hadde når Han ble hengt på korset.

Gjennom inspirasjonen lot en gang Gud meg føle Moses hjerte. Jeg møtte Moses stående i et sterkt lys, og han var fylt med godhetens aroma. Når han holdt hånden min, fikk jeg Guds kjærlighet. Når han åpnet munnen sin for å snakke, hadde han modigheten og verdigheten som han hadde hatt da han ga Guds Budskap til isralittene i villmarken.

Moses fortalte meg om ting angående hans barndom på slottet i Egypt. Han fortalte meg at han lærte om Gud den

Allmektige og at han var en hebreer siden hans parnepike var hans virkelige mor. Han fortalte meg om anledningen hvor isralittene tilba idolene i villmarken og hva slags følelser han hadde hatt som lederen av Eksodus. Moses hadde tårer som veltet seg opp når han ble minnet om disse øyeblikkene.

Når noen gråter og husker tingene som skjer her på jorden, da vil disse tårene snart bli til vakre lys. De som hører på hva som blir sagt vil også føle godheten og kjærligheten for sjelene som vil røre ved hjertet.

De vil igjen bli takknemlige for Guds kjærlighet som har gitt dem lykken i Himmelen og som lovpriser Ham helt fra hjerte. De elsker Gud med hele deres hjerte, sinn, og sjel, og deres kjærlighet og takknemlighet vil aldri endre seg. De vil dypt kunne forstå Guds forsyn, som er at Han gjerne vil oppnå sanne barn som Han kan dele Hans kjærlighet med, selv om dette betyr at Han må gå gjennom mange smertefulle ting i den menneskelige kultivasjonen. Det er derfor de alltid vil bli takknemlige fra dypet av deres hjerte.

Kroppen som Tilhører Ånden

Akkurat som den levende ånden Adam ikke var perfekt, var heller ikke ånden som ikke kjenner til det kjødelige perfekt. På samme måte har det kjødelige som ikke kjenner til ånden noen verdi. Alle de som ikke aksepterer Jesus Kristus som deres personlige frelser er alle kjødelige mennesker. Og på grunn av dette kan de ikke virkelig kjenne til Guds kongerike og det åndelige riket. De vil til slutt lide av smerter i Helvetes evige flammer. Så hva vil deres verdi være? Bare de som kjenner både til det kjødelige riket og det åndelige riket, og som kan kaste vekk det kjødelige for å kunne komme inn til det åndelige har menneskelige verdier.

Til den grad hvor vi kultiverer hellighet i våre hjerter, vil også vårt kjøtt endre seg til det som tilhører ånden. De som var svake og sykelige vil bli like friske som den grad hvor de har endret seg åndelig, selv om de ikke ennå har blitt fullstendig renset.

Så fort vi kommer inn til ånden, vil ånden vår omfavne sjelen og kroppen slik at de vil samle seg sammen til ett. Selv om vi lever i dette fysiske stedet, kontrollerer vi sjelen og kroppen vår gjennom ånden, så det vil være det samme som om vi bodde i det åndelige riket. Vi kan til den grad hvor vi får tilbake Guds speilbilde som ble tapt på grunn av Adams synd, klart og tydelig kommunikere med Gud å motta velsignelser slik at alt vil gå godt med oss.

Og så fort vi blir åndelige mennesker, da vil vår alderdom sakke ned og hvis vi også får den fullstendige ånden, da kan vi bli unge igjen. I Moses tilfelle var hans øyne ikke uklare og hans styrke ble ikke svakere før han døde 120 år gammel. Abraham fikk Isak selv om han var for gammel til å få en sønn. Og til og med førti år etter at Isak ble født fikk han seks flere barn (1. Mosebok 25). I Elias og Enoks tilfelle kastet de vekk all form for kjødelighet og gikk inn til et slikt dypt nivå åndelig at de liknet på Guds personlighet. På grunn av dette var de ikke lenger under loven til det åndelige riket som sier at syndens belønning er døden, og de kunne derfor unngå døden.

Kroppen Som Ikke Trenger Mat

Når Guds barn kommer inn til det himmelske kongerike vil de til slutt få en perfekt himmelsk kropp. Kroppene deres vil verken dø eller råtne bort og de vil kunne nyte det evige livet. I Matteus 26:29 står det, *"Men Jeg sier dere, Jeg vil ikke drikke vinen fra denne frukten fra nå av og til jeg drikker den ny sammen med deg i Min Fars kongerike."*

Den oppståtte Herren vil ikke spise noe til Han spiser sammen med de frelsede troende etter at den menneskelige kultivasjonen tar slutt. Akkurat som den oppståtte Herren, behøver vi ikke å spise for å fortsette å leve når vi får en åndelig kropp.

Men aromaen og ingrediensene som ligger i maten i Himmelen har virkning på den åndelige formen, så de kan spise eller puste inn duften. De kan lukte på blomstene og fruktenes dufter, og de behøver ikke bare bruke nesen deres, men også hele kroppen og gjennom hjertet deres. Når mennesker en gang ofret offringer av dyr på de Gamle Testamentets tider, luktet Gud på hjertets aroma som kom ifra mennesker som ga offringer. Selv i dag når vi offrer gudstjenester, lovprisninger og offringer, vil Gud akseptere våre hjerters aroma.

Ved å puste inn aromaen kan Himmelen føle større lykke og glede. Selv her på jorden kan vi føle oss lykkeligere når vi spiser forskjellig slags mat. Åndelige kropper fryder seg med å puste inn duftene. I Himmelen vil ingen bli slitne av noe, og de kan føle sen samme gleden og tilfredstillelsen selv om de puster inn den samme aromaen hele tiden. Når de puster inn dufter fra frukter og blomster, vil de en krot stund bli oppsluket i kroppen og så vil de bli forsvinne i luften. Menneskenes hjerter vil bli fylt med mer lykke her i denne prosessen.

Det Finnes Ikke Noe Kroppsavfall

Den perfekte himmelske kroppen er en kropp. Den kan lukte og spise maten. Den kan spise forskjellige frukter og drikke forskjellige drikker som har blitt laget av livets vann. I tillegg til de tolv fruktene fra livets tre, finnes det mange andre slags frukter i Himmelen, og vi kan spise så mye og så mange frukter vi vil. Det finnes også mange slags drikker.

I Himmelens, vil vi spise den maten som vi likte her på jorden? Vil det være kjøtt, brød, og kaker i Himmelen? Vil vi savne noe mat fra denne verden? Så fort vi kommer til Himmelens, vil vi ikke spise den samme maten som var vant til her på jorden. Så fort vi har en kropp som er best egnet for plassen i den tredje himmelen, kan vi leve i all evighet til og med uten å spise.

Du vil kanskje minnes noe spesiell mat som du hadde likt her på jorden og vil gjerne spise noe liknende i Himmelen. Da vil du kanskje lage noe som ligner det. Men siden fruktene og drikkene i Himmelen smaker mye bedre, vil du ikke nyte noe av den fysiske maten som du før hadde spist.

Når vi spiser noe i Himmelen, vil dette bli oppløst og utløst under pusting, så det vil ikke bli noen form for ekskresjon som vi har her på jorden. Maten som vi spiser vil forsvinne naturlig ut gjennom vår pust, holde litt på duften og så forsvinne opp i luften. Hvor praktisk og utrolig vil ikke dette være at vi ikke trenger å fordøye eller ekskrete det som vi gjrode det her på jorden! Og selvfølgelig vil det derfor ikke finnes noen toaletter med ubehagelige lukter. I Himmelen vil vi ha en perfekt himmelsk kropp.

Dette er det samme i alle oppholdsstedene i himmelens kongerike. Men hvis vi har mer av sjelen som tilhører kjøttet og mindre av sjelen som tilhører ånden, Da vil glansen av åndens form bli svakere. Ifølge hvor mye vi kultiverer vår sjel for at den kan tilhøre ånden, vil vi få et oppholdssted i Paradiset, Himmelens Første Kongerike, eller Himmelens Andre Kongerike. Vi kan bare komme inn til Himmelens Tredje Kongerike eller det Nye Jerusalem når vi får vår sjel til og fullstendig tilhøre ånden uten noen del av sjelen som tilhører kjøttet.

Gud lar oss høste inn det vi har sådd og vil gi oss ting tilbake ifølge hvor mye vi har gjort gjennom Hans kjærlighet og rettferdighet. Det himmelske oppholdsstedet og den himmelske rangen vil bli bestemt ifølge klarheten lyset til vårt åndelige lys, og vi burde derfor streve etter å bli et menneske som har ånden, sjelen og kroppen som tilhører ånden, gjennom iherdige bønner.

3. Guds Gave

Gud har forberedt en gave for de frelsede barna, og dette er det evige livet oppe i himmelens kongerike. Vi vil motta et annerledes himmelsk oppholdssted ifølge måten vi går gjennom den menneskelige kultivasjonen her på jorden for å bli e person som søker etter Guds hjerte.

Guds store prosjekt om å ta til seg de troende som er selve avlingens "hvete" skjer fremdeles i dag. Han kikker etter de som tror på makten og den guddommelige egenskapen til Gud som kan bli sett i alle tingene i naturen og som lever ifølge Guds Ord. De er sjeler som er like klare og vakre som krystall. Bibelen forteller oss om de siste dagene. De som er våkne åndelig vil føle at slutten på menneskenes kultivasjon er veldig nær.

Siden fallet av Adam, fødte menneskene barn og utviklet sivilisasjoner. De erfarte også livet, alderdommen, sykdommer, og døden. Etter at menneskenes kultivasjon tar slutt, vil Gud invitere alle Hans troende opp i "luften" som ligger i den andre himmelen. Han vil holde en "henrivende" bryllupsfest og la oss dele vår kjærlighet med Herren i sju år.

Johannes' åpenbaring 19:7-9 beskriver det slik:

La oss glede oss og juble og gi ham æren! For tiden for lammets bryllup har kommet. Hans brud har gjort seg i stand, og hun har fått en drakt av skinnende rent lin. Det ble gitt til henne for at hun kunne kle seg selv i fint lin som var rent og skinnende; for det fine linet er de rettferdige handlingene til de hellige. Da sa han til meg, "Skriv ned, Velsignet er de som er inviterte til lammets bryllupsmiddag." Og han sa til meg, "Dette er Guds virkelige Ord."

Guds kjærlighet sluttet ikke her. Etter at bryllpusfesten er over, vil Gud la oss komme ned hit til jorden sammen med Herren og herske sammen med Ham i tusen år, akkurat som et par som akkurat har giftet seg drar på en bryllupsreise etter deres bryllupsfest. Han vil fornye den Første Himmelen, som var nivået til den menneskelige kultivasjonen, og la de troende som hadde blitt frelst dele deres kjærlighet med Herren.

Johannes' åpenbaring 20:6 sier, *"Salig og hellig er den som får ta del i den først oppstandelsen. Over dem har den annen død ingen makt. De skal være Guds og Kristi prester og herske som konger sammen med Ham i tusen år."*

Gud vil avsløre gavene og belønningene som Han har forberedt for Hans elskede barn etter det Millennium Kongerike er over. I den Store Hvite Tronedommen, vil Han gi belønninger for alt det de gjorde mens de levde her på jorden og Han vil gi dem deres oppholdssted i Himmelen ifølfe hvor mye tro en har. De vil få varige oppholdssteder i den tredje himmelen, som er stedet uten tårer, sorg, smerter, sykdommer, og døden, slik at de kan leve et liv fylt med godhet, kjærlighet, lykke og glede i den perfekte himmelske kroppen.

Jesus lover oss i Johannes 14:2-3, *"Det finnes mange oppholdssteder i mitt Fars hus; hvis dette ikke var tilfelle, ville*

Jeg ha fortalt dere; for Jeg går for å forberede et sted for dere. Hvis Jeg går for å forberede et sted for dere, da vil Jeg komme tilbake og ta dere med Meg, slik at hvor enn Jeg er, der vil dere også være."

Hvordan ser himmelens evige kongerike ut, og hva slags liv vil vi leve der?

Den Nye Himmelen og Den Nye Jorden

Himmelen oppe i Himmelen er klar blå og ren. Grunnen til at Gud gjorde farven på himmelen blå er fordi det gir oss en følelse av dybde, høyde og klarhet. Han vil gjerne at Hans kjærlige barn skal leve lykkelige i all evighet og ha like klare og vakre hjerter som krystall.

Det finnes også skyer oppe i himmelen til det himmelske kongerike. Skyene er en form for dekorasjon for å få den til å se vakrere ut. Skyene gir lykke til de himmelske innbyggernes hjerter. Når de som oppholder seg i det Nye Jerusalem tenker på og lovpriser Guds kjærlighet og ser opp til himmelen, da vil engelene kunne lese tankene til deres herrer og vil noen ganger lage hjerteformede skyer eller skrive ting ved å bruke skyene.

I Himmelen kan en finne lyset av Guds ære, som ikke kan bli sammenlignet med sollyset. Det lyser ganske sterkt ifra hvert eneste hjørne fra begynnelsen av det Nye Jerusalem til Paradiset (Johannes' åpenbarelse 22:5).

Lyset fra Guds ære er så klar og sterk at hvis det skulle skinne for de som oppholdt seg i Paradiset, ville de ikke engang kunne løfte opp hodene deres på grunn av det sterke lyset. Gud måtte derfor av denne grunnen senke ned styrken på lyset for de andre oppholdsstedene uenom det Nye Jerusalem. Idet du kommer lenger og lenger vekk ifra det Nye Jerusalem og det Tredje Kongerike i Himmelen og inn til Himmelens Andre Kongerike, det Første Kongerike og Paradiset, vil lyset bli svakere og svakere.

På grunn av Guds makt finnes det fire sesonger—vår, sommer, høst og vinter—i Himmelen. De trenger ikke egentlig fire sesonger, men de har blitt laget for Guds barn slik at de kan nyte de forskjellige naturlige utseendene av hver sesong. De kan se løvene på høsten og til og med snøen på vinteren.

Gud har laget tingene på en helt perfelt og vakker måte slik at vi kan føle skjønnheten som vi hadde hatt de forskjellige sesongene her på jorden. Men dette betyr ikke at det vil bli ”kaldt” eller ”varmt” i Himmelen på grunn av været og sesongene. Det vil finnes forskjell på de forskjellige sesongene, men det vil ikke bli merket gjennom kulde eller varme. Temperaturen vil hele tiden være den mest behagelige.

Jorden i Himmelen er ikke laget av støv, men av gull, sølv og forskjellige edelsteiner. Stål har en moderat masse på jorden, men når den blir til pulver, blir den blåst vekk av vinden. Men hvis den finnes i en form av en ball, vil den ikke blåse vekk. Gullet, sølvet og andre verdifulle edelsteiner finnes i runde former, så det finnes derfor ikke noe støv i Himmelen.

Den Gyldne Veien og Veien med Juveler

I hvert eneste oppholdssted i Himmelen finnes det en vei som er gylden. Glitteret som selvfølgelig kommer ifra den gyldne veien er forskjellig fra sted til sted i Himmelen. Jo nærmere du kommer til det Nye Jerusalem, jo sterkere vil den glitrende glansen være. I motsetning til gullet som vi har her på jorden, er gullet i Himmelen hardt, men det føles mykt ut når du spaserer på det. Her på jorden er et stykke gull som er like stort som hånden til et menneske ganske uvanlig. Men når du ser de endesløse gyldne veiene som skinner akkurat som glass, da kan du forestille deg hvor utrolig vakkert det vil være! Rent gull står for en uforandret kvalitet med en åndelig tro. Glansen av den glitrende gyldne veien på hvert oppholdssted er forskjellig fordi de himmelske oppholdsstedene vil bli avgjort ifølge hvor mye tro vi har.

Gud tillegger ikke mye mening i gullet i Paradiset. Men i det du flytter deg ifra Himmelens Første Rike til det Andre riket, og så til det Tredje Riket, vil innbyggerne komme seg nærmere og nærmere den perfekte troen, så det rene gullet i hvert av de høyere oppholdsstedene vil ha en dypere mening som vil bli avsløret av den glitrende glansen.

I tillegg til den gyldne veien, finnes det også andre slags veier som blomster veier og veier laget av juveler. Det finnes også noen veier hvor du vil bli transportert av Guds makt bare ved å stå på det. Den åndelige formen er veldig lett, som om den ikke har noen vekt. Så hvis du spaserer på blomster, vil ikke blomstene bli ødelagte. Blomstene jubler og gir mer aroma når Guds barn kommer til dem.

Veiene med juveler har mange slags edelsteiner som utstråler vidunderlige lys. Hvis du tråkker på dem vil de bare skinne mer. Men veiene med juveler kan ikke bli sett overalt i det himmelske kongerike. De blir bare laget inne i og rundt husene til de som fullstendig ligner på Herren og som har gitt mye til Gud for å fullføre Hans forsyn av den menneskelige kultivasjonen.

Elven med Livets Vann

Elven med Livets Vann kommer ifra Guds trone. Den flyter gjennom det himmelske kongerike og kommer så tilbake der den kom fra. Denne elven er like klar og ren som krystall, og den flyter like stille som om den ikke hadde noen strøm i det hele tatt. Den vil aldri verken fordampe eller bli forurenset. Det er akkurat som bølgene fra sjøen som skinner som juveler som gjenspeiler seg i solskinnet på en klar dag. Det representerer Guds hjerte, Han som er kilden til livets vann som vekker opp alle tingene i naturen. Guds hjerte er et vakkert hjerte som gir skinner briljant og som er feilfrie og uten flekker. Den er perfekt i alt.

Det faktum at elven med livets vann flyter helt gjennom det himmelske kongerike, vil bety at Gud styrer over alle sjelene i Himmelen, og lar dem leve et lykkelig liv hver eneste dag gjennom Hans lovprisning. Smaken av livets vann er litt søtt og er noe som vi aldri kan smake her på jorden. Det gir oss liv, styrke, og lykke idet vi drikker det.

Johannes' åpenbaring 22:2 sier at den flyter midt på veien. Så det er veier på begge sidene av elven. Den starter ved Guds trone og flyter gjennom alle hjørnene til det himmelske kongerike, så hvis du spaserer på veien samme hvilken side av elven du er, vil du til slutt nå Guds trone. Dette faktum vil åndelig innebære at hvis vi lever ifølge Guds Ord, som blir representert av livets vann, vil vi ikke bare nå himmelens kongerike, men vi vil også nå det vakreste bostedet i Himmelen, det Nye Jerusalem.

Mellom elven med livets vann og veien på hver side av elven ligger det elvebredder som har en gullaktig og sølvaktig sand. Selv om den er hard vil sanden som har form som baller føles myk i Himmelen. Mennesker kan ikke bli skadet hvis de ruller seg rundt i det eller springer på det og de vil heller ikke skrape seg på det. Sanden blåser ikke vekk og den fester seg ikke på noe av de himmelske klærne på samme måte som støvet gjør.

Du kan også svømme i elven. Selv om du ikke kan svømme her på jorden, kan du svømme uten noe problem i Himmelen. For å kunne svømme her på jorden må vi vanligvis ta på oss badedrakter. Men vannet i Himmelen trenger ikke inn i klærne. Det vil bare rulle vekk ifra overflaten av klærnes stoff. Du kan derfor svømme fritt mens du har på det de vanlige klærne.

Det finnes også vakre benker som har blitt bygget på de guldne veiene som strekker seg ut på hver side av elven. Rundt dem er det tolv forskjellige slags frukter fra livets tre. Johannes' avslørelse 22:2 sier, *"På hver side av elven stod livets tre som bærte tolv slags frukter, og som ga ny frukt hver måned..."*

Dette betyr ikke at en frukt vil falle og så vil en annen frukt erstatte den hver eneste måned. Det betyr at det alltid finnes tolv slags frukter.

Livets frukt er like stor som en melon, men har en form i likhet med et eple. Den er rødaktig, og farven er helt skjønn. De tolv fruktene er litt forskjellige i glans, størrelse, form, og smak. Hvis noen plukker en av fruktene, da vil det vokse en ny frukt der med det samme for å erstatte den. Den har mye bedre duft enn noen frukt her på jorden og smaken er bedre enn vi noe annet. Den smelter i munnen din akkurat som bomullsdrops.

I et syn viste Gud meg en scene ifra elven med livets vann. Guds barn satt på benkene som var dekorert med gull og dyrebare edelsteiner. De hadde hyggelige samtaler med hverandre. Hvis de fikk en tanke om at de gjerne ville spise en av livets frukt i løpet av deres samtale, ville deres tjenende engel lese tankene deres og bringe dem frukter i en gylden kurv. Du kan kikke på elven mens du sitter på benkene med all dine kjære rundt deg eller du kan ha en hyggelig samtale med dem mens du spaserer. Hvor lykkelig ville ikke et slikt liv bli!

Dyrene og Plantene i Himmelen

Antall dyr, fugler og fisker er simpelthen uttallige. Det er til og med noen som ikke engang finnes på denne jorden, og det er de som finnes her på jorden, men som ikke kan bli funnet i Himmelen. De dyrene som blir sett på som ufyselige i 3.

Mosebok 11 kan ikke bli funnet i Himmelen.

Dyrene i Himmelen er litt større enn de som er her på jorden. De virker som om de er litt prektigere, men de har fremdeles et mildere temperament og de er veldig lydige. Pelsen til pattedyrene og fjærene til fuglene gir et strålende lys og en mild aroma. Selv løvene er ikke rovlystne, men forsiktige. Den rene pelsen og den gyldne manken er utrolig overveldende å se på.

Dyrene i Himmelen vil ønske Guds barn velkomne og juble når de ser dem. Det vil spesielt være noen mennesker i det Nye Jerusalem som vil motta dyr som personlige kjæledyr eller til og med en zoologisk have i belønning. Dyrene vil utføre søte kunststykker for å tilfredstille herren deres. Dette betyr ikke at de forstår tankene til herren deres fordi de har en sjel. Det er bare som når englene adlyder Guds bud. Dyrene i Himmelen vil også nesten alltid handle på en måte slik at de kan bli elsket av herren deres siden de er åndelige skapninger.

I Himmelen finnes det mange slags planter inkludert livets tre, andre frukt trær, og blomster. Plantene her på jorden fikk næringsstoffer fra røttene og gjennom prosessen med fotosyntese for å produsere en energikilde. Men planter i Himmelen lever i all evighet uten disse prosessene, men bare med makten fra livet som de får ifra Gud. Røttene til plantene trekker ikke til seg næringsstoffer. De vil bare avsløre hver eneste plantes egenskaper. Og selvfølgelig kan blomstenes fasonger, deres arome, og fruktene vise forskjellen, men røttene vil også være en måte å vise slike forskjeller på.

Plantene i Himmelen gir ut deres sterke, men også milde unike aroma. De vil kanskje riste eller bøye grenene deres for å vise en spesiell mening. De kan røre på seg som om de var engler som danset til lovprisende sanger. De vil kanskje også lovrpise Gud ved å utgi deres aroma så mye de kan.

Bladene, blomstene, eller fruktene vil aldri falle av selv etter lang tid. Deres aroma og farve vil heller ikke forandre på seg. Hvis du plukker en blomst, da vil det komme en ny blomst å erstatte den med det samme. Og slik er det også med fruktene. Blomstene som blir plukket vil heller ikke visne og deres friskhet blir holdt ved like. Hvis du vil beholde blomsten vil den vare like lenge som du ønsker det. Hvis du vil kaste den, da vil den bli oppløst og så forsvinne opp i luften. Noen blomster vil gi en sterkere aroma når de blir gjort til pudder. Hvis du vil, kan du beholde det i en flaske så lenge du vil.

Hver plante har deres egen unike lukt. De har en frisk, søt, mild eller fin lukt. Duften fra hvert himmelsk oppholdssted har forskjellige meninger. Rosene i Paradiset er for eksempel bare en av de mange blomstene der. Men i huset til hver person i det Nye Jerusalem, vil hjertet til eieren ligge i aromaen av rosen i hjemmet. Når de har en gjest på besøk, da vil rosen gi en viss aroma overfor gjesten for å vise eierens hjerte. Rosene i de forskjellige hjemmene i det Nye Jerusalem vil gi forskjellige slags lukter.

Noen av plantene som også finnes i det Nye Jerusalem er heller ikke til stede i andre oppholdssteder. Antall blomster vil bli færre jo lenger vekk ifra det Nye Jerusalem og jo nærmere Paradiset du kommer. Og friheten til og personlig å bruke blomstene blir mer og mer begrenset. Nytelsen av å sitte på grassplenen og farven på gresset er også forskjellig i hvert oppholdssted.

Alt i Himmelen, inkludert dyrene og plantene, er laget av Gud for Hans frelsede barn. Disse sanne barna til Gud som bare levde etter Guds vilje her på jorden vil få alt det de vil ha i Himmelen.

Det Kulturelle Livet i Himmelen

Gud har laget mange forskjellige fritidssteder i hvert himmelske oppholdssted for å gi Hans barn en større lykke og glede. De blir uforlignelig større enn de største fornøyelsesparkene her i verden. De har også veldig mange spennende ting.

Siden vi befinner oss i den perfekte himmeslke kroppen i Himmelen, behøver vi ikke å være redde. Du vil ikke være redd for noen av rullebanene. Du vil bare være begeistret for dem. Og utenom fornøyelsesparkene finnes det også mange andre underholdninger, fritidssysler og nytelser. Vi kan også ha hobbier for å forbedre våre talenter i Himmelen akkurat som vi gjør her på jorden.

Vi kan nyte ting som vi før hadde likt her på jorden. Og hvis det også finnes ting som vi ikke kunne gjøre på jorden fordi vi ville fullføre mer av Guds arbeide, kan vi nyte dem der så mye vi vil. Vi vil også lære nye ting. Vi kan for eksempel lære å spille musikk instrumenter som for eksempel fiolin, fløyte eller harpe. I Himmelen holder alle seg kloke og store, så vi kan veldig fort lære å spille dem.

Idretten i Himmelen utelukker alt spill som kan skade andre eller være farlige. Det vil også finnes visse regler for hvert spill. Vi kan ha idrettslag som volleyball, basketball, fotball, eller baseball. Det vil også være flere individuelle spill som tennis, skiløping, golf, bowling og svømming. Vi kan også nyte idrett som hanggliding, windsurfing, eller seilas. En kan ikke skade seg i idrettshallene og på utstyret i Himmelen, og de er også pyntet med gull og juveler for at de skal være til mer glede for oss.

Himmelen er ikke et sted hvor du kan bli tilfredstilt ved å vinne i konkurranse. Du kan få nok tilfredstillelse og glede bare ved å kunne spille noe. Hva er meningen med spill hvis en ikke har noen vinnere, vil du kanskje spørre? Men siden det ikke finnes noen ondskap i Himmelen, vil det bare være mer tilfredstillelse og gagn for andre hvis de vinner en kamp.

Det finnes også selvfølgelig kamper hvor du kan få tilfredstillelse med konkurranse gjennom en god tro. Mennesker vil for eksempel puste inn lukten av blomstene så mye de kan og puste det ut foran andre mennesker. Poengen vil bli gitt ifølge hvor mye de kan tilfredstille Gud ved å puste ut aromaen, eller hvor godt du blander mange slags aromaer. Dette er en konkurranse om hvor mye glede du kan gi andre mennesker, og dette er også tilfredstillende i Guds øyne. Det finnes også veldig mange andre slags underholdninger i Himmelen som er mye gøyere enn noe annet her på jorden. De blir ikke trette av det som de gjør med spillehaller eller videospill, og du vil aldri bli trett av noe.

Du kan også se filmer i Himmelen. I teatere kan du se noen minnesverdige begivenheter som skjedde i løpet av den menneskelige kultivasjonen. Skapelsen, Noas flodbølge, Eksodus, Jesus prestetjeneste, corsets forsyn, de iherdige arbeidene til den Hellige Ånd på slutten, og fortellingene om troens fedre vil alle bli laget til filmer.

Du kan for eksempel se på en film om hele livet til apostelen Paulus. Du kan se hvordan han møtte Herren og hvordan han ga hele sitt liv gjennom hans kjærlighet overfor Herren. Du kan lære om de detaljerte tingene som ikke har blitt skrevet ned i Bibelen. Du kan se Paulus liv som om du personlig var sammen med ham i slike begivenheter som når han ble forferdelig fordømt—hinsides målingen av menneskenes utholdenhet. Du kan erfare hans fangenskap i Philippi, og hvor han takket Gud og lovpriste Ham selv når han havnet i havet etter at hans båt forliste. Hvor totalt faskinerende ville ikke dette være!

Transportmiddelet i Himmelen

Vi kan besøke mysteriske og vakre steder i det himmelske kongerike. Det vil finnes unike, nervepirrende scener samme hvor vi går. Når vi holder oss i den perfekte himmelske kroppen blir vi aldri trette etter en lang reise. Åndens hjerte vil aldri endre seg, så vi vil aldri begynne å kjede oss selv om vi besøker det samme stedet.

Det vil være forskjellige måter å reise rundt på. Det finnes offentlige måter å reise rundt på som for eksempel det himmelske toget. Det finnes transportmidler som er private som for eksempel skyebiler eller gyldne vogner. Det himmelske toget er dekorert med briljante juveler i forskjellige farver, og den står for at passasjerene får den beste nytelse. Det vil også være virkelig herlig å se scenene på utsiden av vinduene. Når de troende i Paradiset blir invitert til det Nye Jerusalem, da vil de dra dit med et himmelsk tog. Toget kan ganske enkelt fly veldig fort i luften.

Selv om det blir kalt en skybil, er den ikke laget av damp, men av ærens sky. Dette vil bare forhøye det himmelske livet. Når du kjører på skybilen, vil det få andre til å få en følelse av verdighet og myndighet. Når Herren kommer tilbake, vil Han komme ned fra skyene (1. Tessalonikerne 4:16-17; Johannes' åpenbaring 1:7). Dette er fordi det vil se mer verdig, æret, og vakkert ut hvis en kommer gjennon ærens sky.

Gud vil gi skybilen til de som kommer til det Tredje eller høyere Kongerike i Himmelen. I det Tredje Kongerike i Himmelen er bilene til offentlig bruk, men i det Nye Jerusalem, blir de gitt til de private. På denne måten, vil det å ha en skybil vise æren til eieren.

De som oppholder seg i det Nye Jerusalem kan også reise opp til til herren i skybilene. Skybilene blir vanligvis kjørt av engler. Noen av dem er akkurat som små passasjerbiler, mens andre er større og har mange seter for flere passasjerer. Modellene, farvene, og dekorasjonene vil også variere. Det finnes også en bil som er laget av en liten del av en sky. Denne blir brukt for kortere distanser. Det tar en person og senker ham sakte ned til hans mål, akkurat som en golfbil for de som golfer!

Gudstjeneste og Utdannelse i Himmelen

Vi kan være med på gudstjenester i Himmelen også. Gud Selv vil forkynne evangeliet. Vi vil lære om det ånelige riket i detaljer inkludert den opprinnelige Gud, Tidens Begynnelse, og evigheten. Vi vil også ha tid til å høre på Herren. Vi vil kunne prate med Gud, Herren, og den Hellige Ånd, og dette er Himmelens bønner. Vi vil også lovprise Gud med nye sanger.

I Himmelen må du forandre dine klær hvis du besøker steder som ligger høyere enn det nivået som du befinner deg på, og du må kle deg i forhold til hvilket sted du besøker og selve anledningen. Selve gudstjenesten som blir holdt i det Nye Jerusalem vil bli kringkastet over alt, så alle kan være med på gudstjenestene overalt i Himmelen. Men det er ikke nødvendig med kompliserte utstyr for dette. Englene vil åpne et enormt stykke stoff, som vil bli til en videoskjerm. Lysene og farvene vil automatisk bli justert for hvert oppholdssted, slik at de kan kikke på den livlige filmen som får dem til å føle som om de oppholdte seg på det virkelige stedet.

Grunnen ti at lysene må bli justert i hvert oppholdssted, er fordi hvis lysene til Gud blir avløst som de er, da vil de som lever i Himmelens Tredje Kongerike eller nedenfor ikke kunne se

Ham fordi lysene ville være altfor skarpe. De som holder seg i det Andre Kongerike og nedenfor vil ikke engang kunne løfte hodene deres for å se på Gud Faderens ansikt på skjermen, fordi deres samvittighet ikke vil tillate dem det.

Det er delvis slik for de som lever i Paradiset som har mottat 'frelse gjennom skammen'. De kan ikke engang se på videoskjermen på grunn av deres flauhet og litt skamfulle følelser. I tillegg til gudstjenester hvor Gud er taleren, kan du invitere Herren, den Hellige Ånd, eller troens fader som for eksempel Moses og Paulus slik at de kan tale ved gudstjenester.

Vi vil fortsette å lære nye ting selv etter at vi har kommet til Himmelen. Himmelens kongerike er uendelig, og samme hvor mye vi studerer kan vi aldri lære alt om Gud Skaperen, Han som eksisterte før og gjennom hele evigheten. Det er vanskelig å fulstendig forstå den uendelige dypden av Gud som hersker over alt her i universet. Vi vil føle at Himmelen er fylt med ting som vi virkelig må lære om. Men læringen i Himmelen vil bare bli morsom, i ulikhet med læringen her på jorden. Vi vil kunne forstå alt i det vi lærer det. Vi vil aldri glemme det vi en gang hadde forstått, så det er ikke vanskelig å lære noe. Vi vil heller ikke bare sitte og høre på forelesninger. Det vil være tredmiensjonelle progarmmer som vil hjelpe oss med å forstå.

Forestill deg at Guds opprinnelige stemme sier "La det bli lys" som kan bli hørt over hele universet, lyset bli dannet, og de vil også bli separerte, og alle disse scenene vil oppstå rett foran dine øyne! Forestill deg også at du kan se utvidelsen som blir dannet av vannet og at vannet blir skilt ifra vannet. Hvor stort og utrlig vil ikke dette være!

Transportmiddelet i Himmelen

Forskjellige festmiddager i Himmelen kan bli sette på som samlingen av det himmelske livets lykke. De vil få oss til å føle overfloden, friheten, skjnnheten, og æren i Himmelen bare ved et fort blikk. På festmiddagene vil mennesker se på spesielle forestillinger eller danse med deres kjære i de vakreste klesplaggene og pyntene som de har. Selv om du ikke er en god danser her på jorden, kan du lære det hurtig og bli en god danser i Himmelen.

Selv her på denne jorden, vil en kanskje komme inn til et stadie hvor nye tunger og nye sanger vil komme ut hvis en er full av inspirasjon ifra den Hellige Ånd. Da vil hendene og armene bevege seg automatisk i dansens rytme og lovprise Gud. I Himmelen vil alle kunne danse vakkert med den perfekte himmelske kroppen til all slags musikk. En kan til og med lovprise Gud med en solo dans.

Det finnes mange slags festmiddager i Himmelen, og størrelsen og nivåene er forskjellige på hvert oppholdssted. I det Nye Jerusalem finnes det festmiddager som blir holdt i Gud Treenighetens navn, eller festmiddager som blir holdt i Gud Faderen, Guds Sønns, og Gud den Hellige Ånds navn. Til tider vil alle menneskene i alle himmelens oppholdssteder bli invitert til å delta på festen som blir gitt i Gud Treenighetens navn.

Etter den Store Hvite Tronedommen, vil vi få hvert vårt

oppholdssted i Himmelen, og så vil den første festmiddagen bli holdt i det Nye Jerusalem. Gud vil invitere alle innbyggerne i himmelens kongerike til festmiddagen. Alle de som lever i det Nye Jerusalem og Himmelens Tredje Kongerike kan komme, men fra det Første og det Andre Kongerike, og Paradiset kan bare representantene komme til denne festmiddagen.

Når mennesker ifra de andre oppholdsstedene kommer til en festmiddag som blir holdt i det Nye Jerusalem, må de forandre deres klær og pynt slik at det er sømmelig for det Nye Jerusalem. Dette er fordi lyset fra de himmelske kroppene er annerledes på hvert oppholdssted. Så fort de tar på seg klærne som er passende i det Nye Jerusalem, kan de tilpasse seg stedet, og de vil bli egnet til festmiddagen der.

Det er bestemte steder hvor mennesker kan skifte klærne sine. Det finnes mange slags klær som blir laget for dem. Englene vil hjelpe dem med å skifte klær etter at de har valgt dem. Men de som kommer ifra Paradiset, må selv skifte sine klær uten noen som helst hjelp ifra englene. Så fort de tok på seg de utstrålende plaggene for det Nye Jerusalem, vil de bli rørt av den ubeskrivelige æren, og de vil føle seg uverdige fordi det er klær som de ikke har tjent rettigheten til å ha på seg.

I motsetning til klærne blir ikke kronene laget i det Nye Jerusalem. Hvert menneske må ta med seg sin egen krone. Kronene i Himmelens Trdeje Kongerike er veldig forskjellige fra de i det Nye Jerusalem, og det finnes et lite, rundt merke på det høyre hjørnet av kronen. De som kommer fra Himmelens Første og Andre Kongerike, og Paradiset, vil sette et rundt symbol på deres venstre bryst slik at de lett kan se forskjell på de som er i det Nye Jerusalem eller det Tredje Kongerike i Himmelen. De fra Himmelens Første og Andre Kongerike tar på seg kronene deres for å være med på festmiddagen, men de som kommer fra Paradiset har ingen kroner så de vil ikke ha noen på seg.

Festmiddagene i de Forskjellige Oppholdsstedene

Englene vil vanligvis ta vare på pynten, dørvakt, matbetjeningen, og alle andre deler av forberedelsen av de himmelske festmiddagene. Akkurat som fly har forskjellige tjenester ifølge hvilken klasse du reiser på, vil nivået med tjeneste og all forberedelsen av festmiddagen også være forskjellige i hvert av de himmelske oppholdsstedene.

Hvis vi sier at festmidaggene i det Nye Jerusalem er fester som blir gitt av den kongelige eller den adelige familien, da vil festmiddagen i Paradiset bli i likhet med den festen som fattige bønder har med sine naboer. Men dette er bare en allegori, og det betyr ikke at festmiddagene i Pardiset er litt sjaskete og dårlig laget til. Det betyr bare at det er en veldig stor forskjell mellom festmiddagene i det Nye Jerusalem og de i Paradiset.

Festmiddagene i Paradiset blir ikke gitt av et individ. De er for alle eller spesielle grupper. Det finnes ingen tjenende engler, så menneskene må selv lage alt på egen hånd. Men selv i Paradiset finne sdet ingen ondskap, men bare godhet og kjærlighet, så alle vil gjøre det med lykke og glede. Alle vil tjene hverandre med omtenksomhet, så de kan nyte det mest mulig. Det er egentlig en slags lykke som vi aldri kan føle selv om vi går til den største luksusfesten her på jorden. Så hvor stor en lykke og glede vil ikke festmiddagen i det Nye Jerusalem bli!

Utførelser

Sanger og danser er viktige deler av festmiddager her i Himmelen så vel som på denne jorden. Vakre engler danser elegant eller spiller musikkinstrumenter og synger sanger. Det er også skuespillere som lovpriser eller spiller instrumenter sammen med englene. Lovprisningen, dansingen og spillingen som englene utfører er simpelthen vakkert og dyktig. Men Gud aksepterer noe som er mye behageligere enn utførelsen av englene. De lovpriser, danser, og spiller i likhet med Guds barn fordi de offrer dem med gjennom en forståelse på Guds hjerte og gjennom deres kjærlighet for Ham.

Det er spesielle slags tilstelningshaller også i det Nye Jerusalem. Det er store og fantastiske haller som er mye større og mye vakrere enn Carnegie Hall eller Madison Square Garden i New York, eller Operahuset i Sydney som hele tiden har forestillinger. De er ikke for at artistene kan vise deres kunster. De er bare for å lovprise Gud og gi glede og lykke til Herren og andre mennesker.

I de fleste tilfeller er kunstnerne de som har vært kunstnere her på jorden, og noen ganger kan de gjøre det samme som de hadde gjort her på jorden. Det er også mennesker som gjerne ville være med på opptredener her på jorden, men som ikke kunne og de vil nå lære nye lovrpisnings sanger og danser i Himmelen og vil vise dem til andre.

Ifølge hvor mye kunstneren har blitt frelst, kan de opptre eksklusivt i det Nye Jerusalem, det Tredje Kongerike, det Andre Kongerike, eller Himmelens Første Kongerike. Sangerne, danserne, og musikkspillerne for det Nye Jerusalem er toppen av deres klasses utførere som er elsket av alle mennesker i Himmelen. Alle i Himmelen kan se deres opptredener fordi festmiddagene eller opptredene som blir holdt i det Nye Jerusalem i Gud Treenighetens navn vil bli kringkastet direkt til alle de himmelske oppholdsstedene.

Videoskjermen vil bli utfoldet i luften på den mest komfortable høyden slik at de lett kan se det, og når de ser den livlige filmen vil de føle som om de virkelig var der. På denne måten kan mennesker fra andre himmelske oppholdssteder bli rørt av festmiddagene eller forestillingene somblir holdt i det Nye Jerusalem. Akkurat som de brømte blir fulgt av mange beundrere her på jorden, er det engler som styrer lovrpisningen etter dem. De kaller dem "Herre" og de vil prøve og tilfredstille og gi dem glede og lykke.

Å være elsket og tilbedet av mangfoldige engler

Det finnes en kvinne i det Nye Jerusalem som nyter en slik stor ære og som blir fulgt av amngfoldige engler. Det er hun som har kutlivert et perfekt åndelig hjerte her på denne jorden. Dette er Maria Magdalene. Hun har på seg en prektig kjole som går ned til gulvet. Hennes hår kommer ned til livet hennes. Hun er kjempevakker med hennes krone på hodet.

Maria Magdalena kultiverte en perfekt godhet mens hun fremdeles levde her på jorden, og hennes åndelige form utgir et slikt skinnende ærede lys. Hennes stemme er fylt med ydmykhet og er like mildt som lyden til en liten flytende bekk. Når hun prater vil aromaen fra hennes ydmykhet og godhet bli fullført, og alle englene og menneskene vil bli rørt av hennes ord. Så noen ganger vil engelene rundt Maria Magdalena gå rundt henne og lovprise hennes aroma og godhet.

Hun befinner seg på en slik æret stilling for å kunne se Gud til alle tider, så en kan føle hjertet, respekten, og Guds ærede lys bare ved å kikke på henne. Hvordan hadde det seg så at Maria Magdalene fikk en slik æret stilling?

Maria Magdalene ble helbredet av mange sykdommer og ble satt fri fra mørkets makt når hun møtte Herren. Hun var forferdelig takknemlig for denne nåden ifra Herren og tjente Ham derfor uten å endre noe på henens holdning. Når Jesus ble korsfestet, var det mange mennesker som før hadde fulgt Ham som forlot. Men hun hadde et slikt uforandrende hjerte at hun ble sammen med Jesus helt til han døde. Hun besøkte til og med Hans grav. Det var slik det ble til at hun kom til å oppholde seg så nærme Guds trone i det Nye Jerusalem.

Gud vil gjerne dele hans evige kjærlighet med og motta lovprisninger ifra Hans sanne barn som har kultivert et slikt vakkert hjerte med godhet akkurat som Maria Magdalena.

Esaias 43:21 sier, *"De menneskene som Jeg skapte for Meg Selv vil lovrpise Meg."* Gud vil ikke bare ha vakre stemmer, vidunderlig koreografi, eller nydelig musikk fra instrumenter. Han vil gjerne ha lovprisningene som kommer ifra de sanne og gode hjertene. Gud vil også noen ganger synge. I vakre melodier og rytmer vil Han synge om de utrolige tingene som Hans eneste Sønn Jesus har gjort, eller utrolige arbeider som den Hellige Ånd har utført.

Ingen kan imitere Hans sangstemme. Den er så vakker at alle vil bli totalt besatt bare ved å høre den en eneste gang. Det er også en slik høy stemme at den kan riste hele verden, men det er ikke alle i Himmelen som kan høre den. Den kan bare bli hørt av de som oppholder seg nærme Guds trone i det Nye Jerusalem. Det blir derfor ønsket at vi når frem til hele åndens nivå, lovpriser Gud i himmelens evige kongerike, og oppnår en æret stilling hvor vi kan høre den syngende Gud.

Del 3

Overskride Menneskenes Begrensninger

Erfare Guds Oppholdssted

Å Se Gud Som Er Selve Lyset

"Sannelig, sannelig, sier Jeg dere, han som tror på Meg,
alt det arbeid Jeg gjør, det vil også han kunne gjøre;
og han vil kunne gjøre større arbeide; fordi Jeg vil gå til Faderen."
- Johannes 14:12

1. Kapittel

Guds Område

I motsetning til det fysiske stedet, er Guds sted uendelig.
Så fort vi blir Guds sanne barn, kan vi overgå menneskenes grenser gjennom Guds ubegrensede makt.
I Guds plass kan kan ting bli skapt ut av ingenting.
De døde kan komme tilbake til livet, og alt det som Gud holder på i Hans hjerte kan bli gjort. Det finnes ikke noe som er umulig i dette stedet.

Et areale er en utvidelse av et sted eller et tredimensjonelt område. Det kan ogs3 bli referert til som en endesløs utvidelse av det tre-dimensjonelle området hvor alle tingene eksisterer. Det finnes også i dag et cyber sted som har blitt laget av komputere. Dette er åpent til alle, men mennesker kan bruke det på forskjellige måter avhengig av deres kunnskap og hvor gode de er til å bruke EDB maskiner. På samme måte kan vi bruke Guds sted og erfare utrolige ting som har blitt skrevet om i Bibelen i forhold til hvor mye vi forstår og bruker Guds sted.

Det åndelige området ligger ikke på enden av universet. Det er vedlig nærme vårt fysiske sted. Akkurat som vi kan se utsiden når vi åpner vinduet i hjemmet vårt, kan vi se det åndelige stedet hvis porten til det åndelige riket er åpen.

I Bibelen kan vi lese om den oppståtte Herren som farer opp til Himmelen foran mange av Hans disipler. Apostlenes gjerninger 1:9 sier, *"Og etter at Han ahdde sagt disse tingene, ble Han løftet opp mens de stod og så på, og en sky tok imot Ham slik at de ikke lenger kunne se Ham."* Jesus dro opp til Himmelen gjennom det åndelige stedet som ble åpnet rundt der hvor skyene blir dannet. Hvis vi klart kan forstå det åndelige riket, da kan vi få svarene på mange vanskelige sitater i Bibelen. Vi kan også ha en perfekt tro og håp angående Himmelen.

Det virker om om alle mennesker ikke har noe valg enn å leve ifølge deres grenser når det gjelder tid og sted. Men vi kan overvinne slike grenser hvis vi blir Guds sanne barn. Selv de onde åndene vil ikke kunne røre ved oss. Vi kan til slutt komme inn til himmelens kongerike som ligger i den tredje himmelen, hvor til og med den levende Adam ikke kunne leve. Vi kan også i tillegg erfare den uendelige makten fra Gud som ligger i den Fjerde Himmelen. *"Siden dere er sønner, har Gud sendt dere Ånden til Hans Sønn inn i hjertene deres, ropende, 'Abba! Fader!' Derfor er du ikke lenger noen slave, men en sønn; og hvis en sønn, da vil du bli en arving gjennom Gud"* (Galaterne 4:6-7).

Guds Syn på Plass og Dimensjon

Akkurat som det ble nevnt i 1. Del 'Det Uendelige Stedet i det Åndelige Riket', atter at Gud planla den menneskelige kultivasjonen, delte Han opp det opprinnelige stedet i mange steder med forskjellige dimensjoner. Generelt sagt delte han stedet opp i fire himler fra den første himmelen til den fjerde himmelen. Dem første himmelen er et lite sted i forhold til det opprinnelige. Når Gud laget de forskjellige stedene med forskjellige dimensjoner, etablerte Han et prinsipp blant dem som indikerer at den høyere dimensjonen kan seire og herske over de lavere dimensjonene, og de lavere dimensjonene vil henvise seg til de høyere dimensjonene.

Den første himmelen, som er det fysiske universet inkludert Jorden, solen og månen og stejernene som vi ser, er den første dimensjonen. Dette er en fysisk verden, så tingene vil endre seg, råtne og dø. Den andre dimensjonen er stedet i den andre himmelen. Den andre himmelen er generelt sagt delt opp i område med lys og området med mørket. I lysets område ligger Eden, hvor en kan finne Edens Have. Ved siden av Eden ligger det mørke området hvor de onde åndene holder makten over luften.

I den tredje dimensjonen ligger det himmelske kongerike, den tredje himmelen. Dette er stedet hvor de frelsede barna til Gud vil leve i all evighet. I midten av det Nye Jerusalem, som huser Guds trone, finnes det forskjellige slags oppholdssteder som er forskjellige ifølge hvor mye tro hver av oss har. Den fjerde dimensjonen er den fjerde himmelen, og dette er stedet hvor den opprinnelige Gud eksisterer som lyset og stemmen. Det er den fjerde himmelen hvor Gud Treenigheten hersker over alle—de tredje, andre, og de første himlene—mens vi vise skapelsens arbeider som overgår både tid og sted.

Dette mystiske fire-dimensjonelle stedet er Guds sted. Dette er hvor den opprinnelige Gud eksisterte og det er et veldig vakkert sted. Ingen kan komme til området utenom Gud Treenigheten og et par personer som har spesiell tillatelse ifra Gud.

Guds plass er et uendelig sted hvor Gud kan få ting til å forsvinne og også skape noe ut av ingenting. Emner kan eksistere i hvilken som helst form som væske, gass, og fast form. Bare de som har riktige kvalifikasjoner kan komme inn til dette området. La oss nå ta en titt på dette mystiske og vidunderlige stedet til Gud.

Guds Hjerte er Guds Oppholdssted

Stedet hvor Gud eksisterte før tidens begynnelse er et åndelig rike som er usynlig for oss. Det var et stort sted, og på tiden var det åndelige riket og den fysiske verdenen ikke oppdelt. Gud eksisterte som det vakre og briljante lyset som inneholdt den kimende stemmen. Han rørte seg rundt omkring hele universet, og styrte over alt helt på egen hånd.

Den opprinnelige Gud holdt hele universet i Hjertet sitt. Hele universet lå med andre ord inne i Hans hjerte. La meg gi deg en illustrasjon slik at vi bedre kan forstå 'oppbevare et sted i hjerte.' Hvis du kan huske din hjemby, da kan du også se et bilde av din hjemby, og du vil kanskje undre på hvordan det ser ut nå. Eller hvis du tenker på noen som du elsker og husker fra den tiden du var sammen med denne personen, vil dine tanker alltid være på det samme stedet hvor du var sammen med ham/henne.

Når det kommer til Gud, kan Han være hvor som helst i universet i overskridelse av tiden og stedet hvis Han bare oppbevarer det i Hans hjerte. Vi kan gi uttrykk for denne egenskapen til Gud ved å si at Han er 'allestedsnærværende.' På grunn av denne allestedeværelsen kunne Han oppbevare alle hjørnene av universet og styre over alle ting.

Salmenes bok 68:33 sier, *"Til Ham som skysser oppe på de høyeste himene, som kommer fra de gamle dager; se, Han prater ut med Hans stemme, en mektig stemme."* 'Å skysse oppe på den høyeste himmelen' betyr at Gud fullstendig hersket over alle plassene fra den første til den fjerde himmelen. Det står at

Hans stemme er mektig, men at denne stemmen ikke ligger i den hørbare rekkevidden av vår hørsel. Så snart Gud prater med skapelsens opprinnelige stemme, da vil alle ting adlyde det, og Hans myndighet og respekt vil riste alle himlene.

Å Ha Guds Plass

Gud vil at Hans elskede barn skal ha Guds plass og også herske over alle stedene. Men det finnes en forutsetning hvor en vil kunne få dette stedet, for det finnes regler angående kjærlighet og rettferdighet som har blitt etablert av Gud gjennom den menneskelige kultivasjonen. Rettferdighet er loven og prinsippene. Akkurat som det finnes mange regler i samfunnet og trafikk regler for kjøring, finnes også Guds Lov, og dette er Guds rettferdighet.

Hva vil det så bety å være i besittelse av plassen? Det vil si å huse plassen fullstendig i ens hjerte. Å huse Guds plass i vårt hjerte vil selvfølgelig ikke bety at vi kan bli allestedsnærværende akkurat som Gud. Det betyr bare at utrolige ting kan finne sted ved å åpne Guds sted her i denne fysiske verden.

Når Gud delte stedene opp, delte Ham dem opp ifølge Hans rettferdighet og kjærlighet som er passende for hvert sted. I det vi går opp til dimensjonen fra den første, andre, tredje, og den fjerde himmelen, vil den rettferdige dimensjonen også bli bredere og dypere. Hver av himlene blir vedlikeholdt i en feilfri orden. Grunnen til at hvert sted har forskjellige dimensjoner gjennom rettferdigheten er fordi hver himmel har forskjellige dimensjoner med kjærlighet. Kjærlighet og rettferdighet kan ikke bli skilt. Jo dypere dimensjonen med kjærlighet blir, jo dypere blir også rettferdighetens dimensjoner.

Når Jesus tilga kvinnen som hadde vært utro, var dette fordi Hans kjærlighet gikk mye lenger enn rettferdigheten (Johannes 8). Når kvinnen ble tatt for utroskap, kranglet menneskene om at de måtte steine henne med det samme fordi de dømte henne ifølge rettferdigheten fra den første himmelen. Men Jesus som hadde en rettferdighet fra den fjerde himmelen sa, *"Jeg fordømmer ikke deg heller. Gå. Synd ikke mer fra nå av"* (Johannes 8:11). Det var virkelig kjærlighet inne i rettferdigheten.

Vi kan få Guds sted og røre oss fritt gjennom alle stedene bare når vi har Guds fullstendige kjærlighet og rettferdighet. Da kan vi også forstå reglene i det åndelige riket og se gjennom alle tingene som skjer her i denne fysiske verden. Jesus hadde ingen synd i det hele tatt da Han døde på korset for synderne. Siden Han hadde en kjærlighet som var mye større enn rettferdigheten, åpenbarte Jesus utrolige undere med Guds makt som det å helbrede uhelbredelige sykdommer og roe ned vinden og bølgene. Han kunne også lese tankene og sinnet til menneskene som tilhørte den første dimensjonen.

De som oppholder seg i den første dimensjonen må holde seg til tiden og det fysiske stedets grenser. Men etter at vi har akseptert Jesus Kristus og blir født på ny igjennom den Hellige Ånd, da kan vi bli fri fra slike begrensninger i den grad vi kultiverer vårt hjerte til et åndelig hjerte. Hvis vi blir åndelige mennesker og mottar hele ånden som tilhører den tredje dimensjonen som er det åndelige riket, da vil fiende djevelen og Satan som tilhører den andre dimensjonen være redde for oss selv om vi fysisk bor i den første dimensjonen.

1. Mosebok 1:28 sier, *"Gud velsignet dem; og Gud sa til dem, 'Vær fruktbare og former dere, og fyll jorden, og undertrykk det; og hersk over fisken i sjøen og over fuglene på himmelen og over alt det som lever og som rører seg her på jorden.'"* Adam var en levende ånd. Han var et åndelig menneske i den andre himmelen og han hadde myndigheten til å herske over alt som befinner seg i den Første Himmelen.

Hvis vi på samme måte kan ha rettferdigheten og kjærligheten til Gud som tilhører den fjerde himmelen, da kan vi åpenbare Guds makt som tilhører den fjerde himmelen som går utover de menneskelige grensene. Det er derfor Jesus lovte i Johannes 14:12, *"Sannelig, sannelig, sier Jeg dere, han som tror på Meg og alt det arbeid som Jeg gjør, da vil også han kunne gjøre dette arbeide; og til og med større under enn dette vil han gjøre; fordi Jeg går til Faderen."*

Skapelsens Arbeide Finnes Sted i Guds Rike

Vi kan fullføre alt det vi ønsker på Guds sted. Over alt annet vil det bli skapelses arbeider. Når Gud skapte himlene og jorden og alle tingene inne i dem, var dette skapelsens arbeid. Jesus åpenbarte også skapelsens arbeid for Han hadde Guds oppholdssted. Et av de beste eksemplene er Hans første tegn i Hans presteembete, som er å lage vin ut av vann.

En dag dro Han til et bryllup, og de gikk tom for vin. Jomfru Maria var lei seg på vertens vegne og spurte Jesus om Han kunne hjelpe ham. I begynnelsen virket det som om Han nektet Maria's anmodning. Men Maria ble ikke skuffet men bare viste hennes uforandrende tro. Hun visste veldig godt hvem Jesus var og at Han godt kunne lage vin ut av vann. Maria trodde at hun allerede hadde fått svaret ifra Jesus og hun ba tjenerne om å gjøre akkurat som Jesus ville.

Jesus så Maria's tro og ba tjenerne om å fylle vannkannene. Når tjenerne fylte de seks vannkannene, ba Jesus dem om å sette unna litt og gi det til hovmesteren. Innen tjeneren hadde gitt det til hovmesteren hadde vannet blitt til vin. Bare ved å beholde det inne i hjertet, ble vannet i de seks vannkannene omgjort til god vin.

I Guds sted kunne et slikt skapelsesunder skje bare ved å beholde det inne i sitt hjerte. Og selvfølgelig viste Jesus slike skapelses under når det passet seg ifølge Guds rettferdighet og ikke bare til enhver tid. Dette tegnet ble gjort mulig fordi den perfekte troen til Maria var god nok til å utføre Guds rettferdighet.

Jesus matet tusenvis av mennesker med fem loffer og to fisker, og en annen tid med sju loffer og to fisker. Hvilken rettferdighet fra Gud var nødvendig for dette underet? *"Og Jesus ropte Hans disipler til Seg, og sa, 'Jeg har medlidenhet overfor menneskene, fordi de har holdt seg hos Meg nå i tre dager og har ikke noe å spise; og jeg vil ikke sende dem vekk sulten, for de vil kanskje besvime på veien'"* (Matteus 15:32).

Tusenvis av mennesker holdt seg sammen med Jesus i tre dager i strekk fordi de lengtet etter å høre Hans budskap. De hørte på Jesus og jublet sammen når de syke menneskene ble helbredet. Deres tro på Jesus var i det minste perfekt akkurat da. Basert på troen deres, kom Jesus kjærlighet i tillegg og det fullførte Guds rettferdighet for å gjøre skapelsens arbeide mulig.

Zarepaths Enke Erfarte Skapelsens Under

En lignende skapelse blir også nevnt i 1. Kongeboken 17. Når Elias dro til Sidon og møtte enken til Zarephath gjennom lydigheten av Guds Ord, ble hun fattig. På grunn av en lang tørke, hadde de ikke noe mat igjen. Hun hadde bare en håndfull med mel og litt olje. Elias ba henne om å bake et brød med det lille hun hadde igjen, mens han ga henne et velsignende ord. *"For derfor sier HEREN Gud fra Israel, 'Bollen med mel skal ikke bli tom, og det skal heller ikke krukken med oljen bli, før dagen HERREN sender regn ned til denne jorden'"* (1. Kongeboken 17:14).

Når hun hørte dette hadde ikke enken noen unnskyldninger, men bare adlød. Hun kunne ikke ha gjort dette hvis hun hadde tenkt på det med logikk. Hunvar i en situasjon hvor hun kunne dø etter at hun hadde spist den siste biten med mat, og nå spurte denne mannen om å få det. Hun kunne ha trodd at han ikke hadde noen skam. Men det gjorde hun ikke. Gud rørte ved hennes hjerte og lot henne vite at han var Guds menneske, og hun adlød det som han hadde fortalt henne.

Hva slags velsignelse fikk hun på grunn av dette? 1. Kongeboken 17:15-16 sier, *"Så hun gjorde akkurat som Elias hadde sagt, og hennes hosholdning spiste i mange dager. Verken skålen med melet eller krukken med olje ble tom, ifølge HERRENs ord som Han brukte gjennom Elias."*

'Mange dager' betyr ikke her bare flere dager, men en veldig lang periode. Melet og oljen som aldri ble tomt er et av skapelsens arbeider. Så hvordan kunne Elias åpenbare et slikt skapelses arbeide, som bare kan bli åpenbart i Guds rike?

Elias holdt seg ikke i Guds rike, men i det minste i dette øyeblikket leste og mottok han det ubegrensede hjerte og viljen til Gud. 'Begrenset' vil her bety at han kunne lese Guds hjerte angående visse ting til en viss tid. Gud vil noen ganger la meg lese Hans hjerte for å kunne fullføre Hans vilje.

Elisja mottok en dobbel portion med hans herre Elisja's inspirasjon, men når Gud ikke fikk ham til å forstå, viste han ikke engang hvorfor Shunammite kvinnen hadde et vanskelig hjerte. Hun fødte en sønn fordi hun tjente Elisja som var Guds menneske, med all hennes anstrengelse. Men sønnen hennes døde plutselig og når dette skjedde, dro hun med det samme til Elisja. Men helt til hun fortalte ham hva som hadde skjedd, viste han ikke hvilke problemer hun hadde. *"Når hun kom til bakken til Guds menneske, tok hun tak i føttene hans. Og Gehazi kom nærmere for å dytte henne vekk; men Guds menneske sa, 'La henne være, for hun har en vanskelig sjel inne i seg; og HERREN har gjemt det fra meg og har ikke fortalt meg'"* (2. Kongebok 4:27).

For å kunne lese Guds hjerte og bruke Hans plass, er det viktig å kultivere hjerte til hele ånden slik at vi kan stole på Gud og fullstendig adlyde Ham. Grunnen til at profeter som Elias, Abraham, Moses, og Paulus brukte Guds sted var fordi de hadde åndens fullstendige hjerte. Når Gud ba dem om å gjøre noe, forstod de Guds hensikt som lå inne i denne befalingen. De kunne føle hvordan Gud ville arbeide og de kunne se det i tankene deres, og de hadde derfor åndelig tillit.

Elias proklamerte dristig om den levende Gud og brakte ned ilden ifra himmelen fordi han kunne føle i hans hjerte hva Gud ville gjøre. Det samme gjaldt når han spurte enken i Zarepath om å gi ham hennes siste matbit. Hvis vi har en fullstendig tillit til Gud, da kan vi adlyde selv de tingene som ikke høres riktig ut i det hele tatt, og når vi gjør dette, vil det bli gjort akkurat som Gud sa. Skapelsens arbeid fant sted for enken fordi både enken og Elias fullførte målingen med Guds rettferdighet.

Enken stolte på Elias som var Guds menneske, og hun trodde på at det han sa var selve Guds Ord. Hun adlød hans ord uten noen form for tvil og uten å utnytte de menneskelige tankene. På denne måten kunne hun delta på Guds sted som Elias brukte.

2. Kronikerne 20:20 sier:

Set din tillit til HERREN din Gud og da vil du bli etablert. Set din tillit til Hans profet og ha suksess.

Elias brukte Guds område, som Gud hadde enerett til, ved å stole fult og fast på Ham. Enken stolte fullstendig på denne Elias, og som følge av dette kom Guds sted ned til dem, og de så skapelsens under. Som i tilfellet ovenfor, vil Gud omringe mennesker med Guds område hvis de kommer sammen med Guds mennesker som bruker Guds oppholdssteder gjennom troen og lydigheten.

Daniel's Tre Venner Var Uskadet i Ovnen

Tre av Daniels venner ble kastet inn i en ovn på grunn av at de ikke bøyde seg ned til et idol. Ovnen var sju ganger varmere enn vanlig, og soldatene som kom i nærheten av ovnen for å kaste dem inn brente i hjel. Disse tre menneskene burde derfor også ha brent i hjel. Men hva var det som egentlig skjedde?

Daniel 3:24-25 sier, *"Da stod kongen Nebukadnessar opp fort i forbløffelse og sa til hans rådsherrer, 'Var det ikke tre menn som vi kastet inn midt inn i ilden?' De svarte kongen, 'Jo visst, konge.' Så sa han, 'Se! Jeg ser fire menn gå fritt omkring i ilden, og de har ikke tatt noen skade. Den gjerde ser ut som en gudesønn.'"*

Det hadde virkelig vært tre mennesker som hadde blitt kastet inn i ovnen, men de kunne se fire mennesker der. Kongen tenkte at en av dem var som en av guds sønner. Mennesker kan stort sett ikke se åndelige mennesker, men Gud åpnet kongens åndelige øyne og lot ham se de åndelige skapningene. Etter at de tre mennene kom ut av ovnen, så menneskene at ilden ikke hadde hatt noen effekt på kroppene til disse mennene, og deres hår hadde ikke engang blitt svidd, og deres bokser hadde heller ikke blitt ødelagt, og de luktet ikke engang røyk (Daniel 3:27).

Hvordan kunne en slik ting skje? Grunnen til at Daniels tre venner ble beskyttet er fordi Guds sted beskyttet dem. Vi kan trekke en konklusjon fra denne frasen at en mann 'som er i likhet med en av gudenes sønner' passet på dem. Selvfølgelig finnes det ikke "guder" men bare en Gud, men Nebukadnessar sa dette fordi han trodde på de hedniske gudene.

Så hvem var så denne 'gudenes sønn'? Det var Gu den Hellige Ånd. Selv Gud den Hellige Ånd kom ned til dem og Guds området dekket denne fysiske plassen.

Moses endret det bitre vannet i Marah til søtt vann.

2. Mosebok 15. kapittel beskriver en scene hvor det bitre vannet fra Marah ble til søtt vann, og dette er også en begivenhet som holder til i Guds rike. Isralittene krysset Røde Havet og gikk inn i villmarken, og de kunne ikke få noe vann i tre dager. De fant vannet ved Marah, men det var veldig surt og var ikke godt drikkevann. Så de klaget til Moses. Når Moses ba om det viste Gud ham et tre. Når han kastet det inn i vannet, ble vannet søtt. Var dette på grunn av at treet hadde noe i seg som kunne forandre på smaken av vannet? Nei. Gud beskyttet vannet med

Guds omringelse og åpenbarte skapelsens under på grunn av Moses' tro og lydighet.

Samme slags skapelses under ble også vist i kirken vår og vi lovpriste derfor Gud veldig høyt. Jeg ba i Seoul om at det salte vannet i Muan skulle endre seg til søtt sann, og mine bønner ble besvart.

Vannet kom fra en brønn i Muan Manmin Kirken. Den ligger i Heje Myeon, Muan Good, Jeonnam Provinsen. Den er helt omringet av havet, så når de gravde en brønn, kunne de bare få sjøvann. De gravde ned en pipe fra 3km vekk slik at de kunne få ferskvann, men de hadde fremdeles ikke nok drikkevann. Medlemmene i Muan Manmin Kirken husket på tegnet som ble åpenbart i Marah og trodde at samme tingen kunne skje hos dem, og så ba de for at det skulle skje. De spurte meg mange ganger om å komme til Muan og be for at saltvannet kunne bli omgjort til søtt vann.

I februar 2000 da jeg holdt en ti-dagers bedeforsamling, da ba jeg spesielt for Muan Manmin Kirken. I løpet av denne tiden hadde medlemmene i Muan Kirken også holdt en stafettbedelse for kirken og meg, og de så runde regnbuer over kirken deres hver eneste dag i ti dager.

Etter at jeg var ferdig med mine bønner opp i fjellene, fikk jeg inspirasjon ifra den Hellige Ånd slik at jeg kunne be om å få det salte vannet i Muan til å bli søtt. Jeg dro ikke selv til Muan for å be om brønnene der, men Gud overskred til og sted for å få det salte vannet til å bli søtt.

Min bønn og min tro på medlemmene i Muan Manmin Kirken fullførte Guds rettferdighet og gjorde så mulig for skapelsens arbeid å finne sted. Brønnen ved Muan Manmin Kirken har i dag fremdeles søtt vann. Dette er på grunn av at området er dekket med Gud Skaperen. Muans' søte vann ble testet av FDA i Amerika og de sa at vannet var friskt og at det er veldig mineralrikt. Det finnes også mange helbredende arbeider gjennom vannet at pilgrimstogene til kirken vil aldri stoppe.

De Døde Blir Oppvekket

Guds sted kan ikke bare vise skapelsens arbeide, men det kan også kontrollere livet og døden. Det kan vekke opp de døde eller drepe de levende. Dette er for alt som har liv—enten planter eller dyr.

4. Mosebok 17. kapittel skriver om Aarons' kjepp som slo knopp. Dette var mulig fordi den var dekket av Guds område. Den tørre kjeppen slo knopper og fikk blomster, og den fikk modne mandler innen en dag. Selv for et levende tre ville det tatt måneder å få dette til å skje, men dette skjedde på en dag, og det var en tørr kjepp som ga frukt. Dette var mulig fordi den var i Guds rike.

Når Jesus forbannet fikentreet, døde det ganske fort, og dette treet var også i Guds rike. "... *han fikk se et fikentre ved veien og gikk bort til det, men fant ikke annet enn blad. Da sa Han til treet: 'Aldri mer skal du bære frukt.' Med det samme visnet treet. Disiplene undret seg da de så det, og spurte: 'Hvordan kunne treet visne så fort?'"* (Matteus 21:19-20)

Dette var også tilfelle hvor Jesus vekket opp Lasarus. I Johannes 11.kapittel, kan vi lese at Lasarus hadde vært død i fire dager og at kroppen hadde en dårlig lukt. Men når Jesus ropte på ham, da fikk han tilbake hans ånd, og hans råtnede kropp kom til livet i gjen. Selv det umulige i den fysiske verden kan bli gjort mulig bare på et kort øyeblikk i Guds område.

Det var en tenåringsgutt i kirken vår som mistet helt synet på et av øynene, men han fikk synet tilbake igjen. Han hadde operasjon for grå stær på hans venstre øye når han var tre år gammel, men på grunn av en bivirkning fikk han forferdelig uveitis og løsning av retina. Hans retina kom seg løs fra okulær veggen og han kunne derfor ikke se så godt. Og det som var enda verre var at han også hadde phthisis bulbi, eller også kalt et krympende øye. Han mistet til slutt fullstendig synet sitt på det venstre øye i 2006.

Men i juli 2007, fikk han tilbake synet sitt gjennom bønner. Hans venstre øye kunne ikke engang se noe lys, men han fikk et 0,1 syn. Hans krympende øye ble også en vanlig størrelse igjen. Han hadde før hatt et syn på 0,1 på det høyre øye, men det ble forbedret til 0,9. Dette tilfelle ble gitt sammen med detaljerte medisinske dokumenter til mer enn 220 leger fra 41 land ved den 5te Internasjonale Kristelige Medisinske Konferansen som ble holdt i Norge, og den ble sett på som den mest imponerende saken blant mange andre tilfeller som ble fremvist dem ved konferansen.

Det samme prinsippet gjelder alle andre organer, vev, eller nerver. Selv om nervene eller cellene og vevene er døde på grunn av ulykker, kan de bli normale igjen hvis de holder seg på Guds sted. Selv invaliditet kan bli erstattet i Guds rike. Dessuten kan også sykdommer som en har fått på grunn av bakterier eller viruser som for eksempel kreft, AIDS, tuberkulose, forkjølelse, eller feber bli helbredet på Guds sted.

I tilfeller angående sykdommer, vil ilden ifra den Hellige Ånd først komme for å brenne bakteriene eller virusene. Så vil kroppen som har blitt skadet på grunn av sykdommene bli friske igjen. Selv de ufruktbare parrene kan også lykkes med å få barn hvis den delen av kroppen som hadde problemet hadde blitt dekket av Guds rike, og det ville derfor helbredet. Men for å kunne bli helbredet av sykdommer og skrøpeligheter i Guds rike, må hver person møte kvalificasjonene til Guds rettferdighet.

Undrene som Overstiger Tiden og Stedet

Maktens arbeid som blir åpenbart i Guds rike kan bli gjort ved å overstige tiden og stedets grenser. Dette er mulig på grunn av at Guds område undertrykker og overstiger andre dimensjoner. Salmenes bok 19:4 sier, *"Men budskapet går over hele jorden, vitnesbyrdet når til verdens ende. Der har Han reist et telt for solen."* Dette betyr at Guds Ord som kom ifra den fjerde himmelen går helt til verdens ende.

Selv en lang vei i den første himmelen, det fysiske stedet, vil i realiteten bli det samme som ikke noen avstand i det hele tatt i Guds rike. Lyset reiser rundt på Jorden sju og en halv ganger på et sekund. Men lyset fra Guds makt kan ikke bare nå slutten av Jorden, men også slutten av universet bare på et blunk. Den fysiske avstanden har ingen mening i Guds rike.

I Matteus 8.kapittel kom det en centurion til Jesus og spurte Ham om å helbrede en av hans syke tjenere. Jesus sa at Han ville gå med ham, men han sa, *"Herre, jeg er ikke verdig nok til å ha Deg under mitt tak, men bare si ordet, og så vil min tjener bli helbredet"* (v. 8). Så Jesus sa til ham, *"Gå, det skal bli gjort som du vil"* (v. 13). På dette øyeblikket ble tjeneren helbredet.

En syk person ble helbredet på et annet sted når Jesus bare befalte det gjennom Hans Budskap, fordi Han oppholdt seg i Guds rike. Centurion kunne motta slike velsignelser fordi han viste en slik fullstendig tro på Jesus. Jesus lovpriste også hans tro ved å si, *"Sannelig sier Jeg dere, Jeg har ikke funnet en slik stor tro i noen andre i Israel"* (v. 10).

Til de barna som var sammen med Ham i troen, viste Gud alltid underene fra Hans makt som oversteg tiden og stedet. Cynthia i Pakistan lå for døden på grunn av blokkering av tarmen og Celiac sykdom. Cynthia's søster var i Korea på denne tiden, og hun brakte Cynthia's bilde til meg for å motta velsignelser gjennom bilde. Helbredelsen fant sted utenom tiden og stedets grenser. I Amerika mottok også Robert Johnson helbredelse utenfor tidens og stedets grenser. Han revnet hans akillessene når han falt. Han kunne ikke gå på grunn av store smerter. Han ble fortalt at han måtte ha en operasjon for å kunne bli helbredet, men bare ved å ha på seg en gips, ble han fullstendig bra igjen uten noen operasjon på bare ni uker gjennom bønner som ble ofret til ham i Korea. Dette var et arbeid gjennom Guds makt som ble åpenbart i Guds rike.

Utrolige Under fra Apostelen Paulus

I Apostlenes gjerninger 19.kapittel står det at Gud utførte utrolige mirakler gjennom hendene til Paulus. Når han ba i Jesus Kristus navn, da forsvant onde ånder og helbredelsen oppstod selv med et lommetørkle eller et forkle som hadde rørt ved Ham. Han var ikke skadet av et bitt fra en giftig slange, og han ble også profetert. *"Gud gjorde helt uvanlige under gjennom Paulus' hender. Det hendte til og med at folk tok tørklær og arbeidstøy som Han hadde hatt på seg, og la på de syke. Da slapp sykdommen taket, og de onde åndene fór ut av dem"* (Apostlenes gjerninger 19:11-12).

Guds mektige undere kan finne sted rundt Gud selv gjennom disse tingene som tørklær. Hvor utrolig er ikke dette! Det finnes mange helbredelses under som har funnet sted gjennom de lommetørklærne som jeg også ber på. Guds makt vil aldri forsvinne eller bli borte samme hvor lang tid det går så lenge Guds rettferidghet ikke blir brutt. Lommetørkle som inneholder Guds makt er derfor veldig spesielt for det kan åpne plassen rundt Gud samme hvilken tid eller hvor enn en befinner seg.

Men hvis de blir brukt på en ugudelig måte av en person som ikke har noen tro, da kan ikke Gud bli åpenbart. Det er ikke bare den personen som ber med lommetørkleet som må ha kvalifikasjonene, men den personen som han ber for må også ha kvalifikasjonene til Guds rettferdighet. De må tro på at Guds makt egentlig blir oppbevart inne i det. Troen til den som ber for den syke personen og troen til den syke personen vil bli målt på en nøyaktig måte, og Guds arbeid vil bli åpenbart ifølge hvor mye av Guds rettferdighet de har.

Josva Stoppet Solen og Månen

Grunnen til at de høyere dimensjonene kan undertrykke de lavere dimensjonene er på grunn av at lyset og tidens gang er forskjellige. Jo høyere dimensjonen er i luften, jo sterkere er lyset og jo fortere går tiden. Lyset i den fjerde himmelen er det sterkeste, og så kommer det tredje, og den andre himmelen.

I hensyn til tidens gang, går det fortere i den andre himmelen enn i den første himmelen, og det går til og med fortere i den tredje himmelen. Men i den fjerde himmelen, kan det enten bli fortere eller saktere. Det vil virke på samme måte som Gud holder på det i Hans hjerte. Gud kan forlenge det, forkorte det, eller til og med stoppe det.

Skapelsens arbeid, døde som bli vekket opp, og den guddommelige helbredelsen som finner sted overskrider all tid og sted, og vil alle bli mulige gjennom tiden som gikk og som kom til et stopp. Det er derfor en spesiell begivenhet kan finne sted så fort det har blitt oppbevart i hjertet eller så fort de har fått befalingen.

Når Josva var i en kamp med Amorittene, stod solen og månene stille, og dette var en 'forlengelse av tiden'. Josva 10:13 sier, *"Så solen stod stille, og månene stoppet, helt til nasjonen hevnet seg på deres fiender."* Dette var når Josva kjempet imot Amorittene under erobringen av landet Kanaan. Hvilke forhold kan få solen til å stå stille hele dagen i den første himmelen?

Jorden må rotere en gang om dagen, og for solen til å stoppe må Jorden stoppe og rotere. Hvis Jorden stoppet å rotere for bare et sekund, da vil innflytelsen ikke bare bli stor for Jorden, men også mange andre himmelske kropper. Men hvordan kunne solen stopp hele dagen?

Vi kan finne svar omkring Gud. På dette tidspunktet, dekket ikke Gud bare Jorden, men også hele den første himmelen med Guds rom. Så i dette øyeblikket ble i det minste alt i den første himmelen synkronisert ettersom tiden gikk i det åndelige riket. Det var den forlengede tiden. Solen stod stille hele dagen, så mennesker følte kanskje at det hadde gått lang tid. Men det kunne egentlig bare ha vært et minutt, eller til og med et sekund.

På denne tiden gikk tiden i den første himmelen gjennom det åndelige riket, så fysisk tid hadde ingen innflytelse i det hele tatt. Selv om bare en viss del av den første himmelen og ikke hele den første himmelen var dekket av Guds plass, ville det ikke være noe problem fordi andre deler av den fysiske plassen ville fremdeles holde seg under tidsbestemmelsen for det fysiske stedet.

Elias sprang fortere enn stridsvognen til kongen

I Bibelen kan vi se et tilfelle hvor noen oppholdt seg i den forkortede arbeidstiden. Dette skjedde når Elias gikk foran stridsvognen til Kong Ahab, som det ble skrevet om i 1. Kongeboken 18. Den forkortede arbeidstiden er det motsatte av den forlengede arbeidstiden. Forestill deg at en har blitt dekket av området til den fjerde dimensjonen for en time i den fysiske tiden. I Guds område kan Han forkorte denne ene timen akkurat som Han vil. Hvis Han forkorter den til 30 minutter, betyr ikke dette at de andre 30 minuttene forsvinner. Dette betyr at en time har blitt presset sammen til 30 minutter.

Forestill deg for eksempel at du tok et 100 meter langt stoff, og sprang fra den ene enden til den andre, og at det tok deg 20 sekunder. Hvis du så folder de sammen i to, hvor lang tid vil det så ta? Det er 50 meter, så det vil derfor ta omkring 10 sekunder. Hvis du folder det igjen, da vil lengden bli kortere, og tiden vil bli forkortet. Men stoffet forsvant ikke.

Det er liknende når en forkorter tiden på Guds område. Elias løpte i hans egen hastighet, men han kunne ha løpt fortere enn stridsvognen til kongen fordi han oppholdt seg i den forkortede tidsperioden. Offentlige fly flyr med en fart på omkring 900km, men passasjerene i flyet kan ikke kjenne noe til denne hastigheten.

1. Kongeboken 18:46 sier, *"Da kom HERRENs hånd over Elias. Han spente beltet om livet og løp foran Akab helt til Jisre'el."* Kong Arab fortet seg i hans stridsvogn for å unngå

regnet, og Elias sprang fortere enn denne stridsvognen. Han kunne springe fortere enn en stridsvogn fordi han brukte Guds sted som ikke hadde noen grenser når det kom til tid og sted. Bibelen sier at HERRENs hånd lå på Elias. Ved Guds makt var Elias kropp dekket med Hans makt og så fant noe utenfor menneskenes grenser sted.

Å bevege seg gjennom det Åndelige Riket

I Apostlenes gjerninger 8, mottok Philip den Hellige Ånds ledelse for å møte den etiopiske evnukk på vei til Jerusalem. Han forkynte evangeliet til Jesus Kristus til denne evnukk og til og med døpte ham. Philip var i ørkenen på veien til Gaza, men bare på kort tid viste han seg i Azotus. Det var egentlig en bevegelse gjennom det åndelige området i likhet med 'teleportation.' *"Når de kom opp og ut av vannet, Herrens Ånd snappet opp Philip; og evnukk kunne ikke lenger se ham, men dro videre for å juble. Men Philip fant seg selv på Azotus, og i det han gikk videre fortsatte han med å forkynne evangeliet i alle byene helt til han kom til Caesarea"* (Apostlenes gjerninger 8:39-40).

For at en teleportation kan foregå, må en gå gjennom den åndelige korridoren som har blitt dannet gjennom Guds området. Ettersom tiden kommer til et stopp i denne åndelige korridoren, kan en bli teleportert.

Gud lot våre kirkemedlemmer få en indirekte erfaring med en slik bevegelse i det åndelige riket. Dette gikk gjennom øyenstikkerne. Øyenstikkerne som oppholdt seg i andre områder kom til det området hvor vi var og forsvant gjennom den åndelige korridoren som hadde blitt dannet av Guds området.

Svermer av øyenstikkere kom mens vi var på vår sommerferie, og de spiste opp myggene og andre skadelige insekter. På denne tiden flyttet øyenstikkerne seg fra sted til sted. Det var i 2006 når bevegelsen av øyenstikkerne først begynte på denne måten. Dette kan bli kategorisert til vannrett og en loddrett bevegelse, ifølge hva slags åndelig gjennomgang de har.

Hva som er mer utrolig er når kirkemedlemmene tilkaldte øyenstikkerne var de ikke redde for menneskene, men de satt på fingertuppene og andre steder av kroppen deres. Øyenstikkerne er fordelaktige fordi de spiser skadelige insekter på sommeren. Jeg kan husker at det i min barndom var veldig vanskelig å få tak i øyenstikkere. De ville fly vekk hvis de følte den minste nærværelse av mennesker. Det har i lang tid nå vært veldig vanskelig å se en eneste øyenstikker i Seoul, og fenomenet av en hel sverm af øyenstikkere er selvfelvfølgelig Guds arbeid.

Året etterpå, i 2007, begynte øyenstikkerne å vise seg tidlig i juli. Øyenstikkere vil vanligvis vise seg fra sensommeren og gjennom høsten. Mens øyenstikkerne som fremdeles var larver gikk forbi gjennom den åndelige gangen, vil disse larvene utvikle seg og bli voksne. Idet de passerte gjennom det fjerde dimensjonelle stedet, vokste de bare fortere og fortere. Så øyenstikkerne kunne vise seg mye tidligere enn vanlig dette året.

I 2008 ble ikke bare tiden hvor øyenstikkere kunne vise seg begrenset, men antall øyenstikkere ble også kontrollert. Uendelige svermer med øyenstikkere begynte å strømme ned ifra himmelen fra begynnelsen av den første uken i juli. Forskjellige misjonsgrupper i kirken vår hadde deres respektive sommer feriested på forskjellige steder i Sør Korea, og alle kirkemedlemmene var vitne til øyestikkerne som kom loddrett ned fra rundt om solen. Øyenstikkerne gikk ikke andre steder i nærheten. De kom ned og ble i området hvor de hadde kommet ned og en kunne se at de satt på hendene, ansiktene, eller skuldrene til kirkemedlemmene.

Temaet for sommer feriestedet dette året var 'Åndelig Plass', og lykken til de troende var bare helt fantastisk. De kunne forstå budskapet fordi de hadde et virkelig livs eksempel vedrørende øyenstikkerne som flyttet seg gjennom det åndelige riket og også kom til dem. Gjennom dette sommer feriestedet økte troen til kirkemedlemmene til et høyere nivå. Samme slags arbeid foregikk i alle søsterkirkene ikke bare i Korea, men også over hele verden.

Samme slags begivenhet skjedde også sommeren 2009. Hver misjonsgruppe hadde deres sommersted, og det kom flere øyenstikkere enn året før. De troende så ti-tusener av øyenstikkere som hadde vært i nærheten av solen, og som kom gjennom det åndelige stedet som hadde blitt åpnet. I det de kom ned fra skyene glimtet de og så ut som snøfnugg.

Når isralittene krysset Røde Havet som ble delt av sterke vinder, ble det dannet en åndelig gangvei for dem. Hvor sterke hadde ikke vindene vært for å kunne dele havet! Et menneske ville ikke kunne ha stått opp i en slik vind. Men mer ennn to millioner isralitter spaserte fredfult midt i denne vinden. Dette er fordi en åndelig gangvei ble dannet for å blokkere vinden slik at den ikke ville røre menneskene. Så hva skjedde så når de krysset elven Jordan når de gikk inn til landet Kanaan?

Josva 3:15-16 sier, *"... da prestene som bar kisten, kom ned til jorden og så vidt hadde satt føttene i vannet—i hele skurdtiden er Jordan så full av vann at den går over sine bredder alle steder—da stanset vannet som kom ovenfra, og stod som en voll langt borte, oppe ved Adam, den byen som ligger i nærheten av Saretan. Og det vannet som randt ned i Araba-sjøen, det er Saltsjøen, ble helt borte. Så gikk folket over elven, rett imot Jeriko."*

Fra det punktet hvor isralittene oppholdt seg, ble vannet lenger oppe stablet opp i en bunke og nedover fortsatte elven bare med å renne. På denne tiden ble det åndelige stedet laget i en form i likhet med en dam.

Forskjellige Måter hvor Åndelige Gjennomganger Har Blitt Brukt

Hvis vi godt kan bruke denne åndelige gjennomgangen, da kan vi også kontrollere værforholdene. Forestill deg for eksempel at to spesielle områder lider, en av flod og den andre av tørke. Så hvis vi flytter regnskyene fra stedet med oversvømmelsen til det tørre området, da kan vi løse problemene i begge områdene.

Det uventete regnet i Israel var et eksempel på dette. I september 2009, ba jeg om en viss ting mens jeg forberedte kampanjen i Israel. Israel hadde det vanskelig på grunn av forferdelig tørke som hadde vart de siste fem årene. Prestene i Israel forklarte dem om deres situasjon og spurte meg om jeg kunne be for dem.

Hvis en skal svare på noe slikt som gjelder hele nasjonen, er det visse forhold som må bli møtt. Presidenten eller liknende ledere må spørre etter bønnene gjennom troen, eller de fleste av folkene burde spørre om det gjennom troen. Men siden jeg følte meg veldig lei meg på deres vegne på grunn av situasjonen de befant seg i, ba jeg den første og andre dagen i kampanjen om at Israel skulle få regn for å stoppe tørken deres.

Hva var resultatet? Israel har et klart skille mellom regnsesongen og den tørre sesongen. September er en tørr måned, og det vil veldig sjelden regne i september. Noen ganger vil det kanskje begynne å regne litt i begynnelsen av oktober, men den egentlige regnsesongen varer fra desember til februar året etter. Og på grunn av den lange tørken, nådde nivået av sjøen Galilee den lavere røde linjen, som er 208 meter. Dette er det lavere nivået hvor vannet ikke lenger kunne bli dratt ifra Sjøen.

Men en dag etter at kampanjen hadde tatt slutt, fikk den nordlige delen av Israel regn. Søndagen 13. September, fikk de ganske mye regn i Jerusalem og også Tel Aviv. Prestene i Israel jublet og lovpriste Gud og sa at de hadde fått regn takket være mine bønner. Men dette var ikke alt. De fikk mer regn uken etter, og Israels Avdeling for Vannresursene sa at det regnet de hadde fått på bare to dager var det samme som de de gjennomsnittlig får for både september og oktober. Dette var ikke mulig ifølge

Guds rettferdighet, men Gud hørte bønnene og siden Han gikk langt utover rettferdigheten tillot Han at de fikk regn.

Det er også veldig mange tyfoner og stormer som bringer kalamitter rundt omkring i verden. Hvis vi kan flytte retningen til tyfonene eller stormene til ubebodde steder, ville det ikke være noe problem.

To tyfoner nærmet seg Filippinene når jeg dro dit i en av kampanjene i 2001. Den 16de tyfonen "Nari" og den 19de tyfonen "Lekima" nærmet seg Filippinene med en sterk vind i likhet med en orkan. Hvis tyfonene hadde kommet ifølge værvarslingene, ville vi ikke kunnet holdt kampanjen. På pressekonferansen der spurte journalistene meg om kampanjen fremdeles ville finne sted på grunn av tyfonene.

På den tiden sa jeg, "Tyfonene vil dø eller endre retning. Det vil ikke bli noen tyfon eller regn under kampanjen, så vær så snill og kom." Nari døde like før kampanjen begynte, og Lekima forandret plutselig retning, ved å gå forbi Filippinene. Vi kunne så ha kampanjen uten noen problemer.

Vi kan ikke bare stoppe tyfoner, men også andre naturkatastrofer som for eksempel vulkanske utbrudd eller jordskjelv hvis vi utnytter stedet til den Hellige Ånd. Vi kan bare dekke kilden av det vulkanske utbruddet eller jordskjelvet med Guds område, og disse tingene kan bli mulig når det er riktig ifølge Guds rettferdighet. For og for eksempel kunne stoppe katastrofe som ødelegger ting på et nasjonalt nivå, må lederne av disse landene spørre om bønner. Og selv om det åndelige stedet er åpent, kan ikke rettferdigheten fra den første himmelen bli fullstendig ignorert. Det åndelige områdets område vil bli begrenset til den grad hvor det ikke vil være noen forvirring i den første himmelen etter at det åndelige stedet blir løftet opp. Gud styrer alle himlene med Hans allmakt, og Han er kjærlighetens og rettferdighetens Gud.

Kjærlighet som Overstiger All Rettferdighet

I 1. Mosebok 18.kapittel, kan vi lese om at Gud varslet Abraham om det som skulle skje med de korrupte Sodom og Gomorrah. *"Og HERREN sa, 'Protesten fra Sodom og Gomorrah var riktignok veldig stort, og synden deres var utrolig dyster. Jeg vil nå gå ned, og se om de har gjort alt ifølge deres protester, som har nådd Meg; og hvis ikke, da vil jeg kjenne til det'"* (1. Mosebok 18:20-21).

Sodom og Gomorrah måtte bli straffet for syndene deres ifølge reglenes rettferdighet, men Gud lot Abraham vite om det på forhånd fordi hans nevø Lot bodde der. Det var Guds hjerte som ville gi dem en annen sjanse. Dette er kjærligheten og rettferdigheten til Gud.

Da spurte Abraham Gud fem ganger om å redde Sodom. Først spurte han Ham om ikke å ødelegge det hvis det var femty rettferdige mennesker, og så førti-fem, så førti, tredve, tjue, og til slutt gikk antallet ned til ti. *"Da sa han, 'La ikke HEREN bli sint, og jeg skal bare si dette en eneste gang; hva hvis de finner ti der?' Og Han sa, 'Jeg vil ikke ødelegge det for de ti'"* (1.

Mosebok 18:32).

Bare som en skapning kunne Abraham spørre Gud på en slik modig måte. Dette viser oss at han hadde Herrens hjerte og ble ett med Gud. Han spurte med en alvorlig kjærlighet om å kunne røre ved Guds hjerte og redde folket, og Gud ble rørt av hans kjærlighet og lovte å gjøre det han spurte om.

Gud arbeidet med kjærlighet innenfor rettferdighetens grenser. Så han ville gjene vise dem barmhjertighet og medlidenhet selv når Han straffet Sodom og Gomorrah, og Han ga en annen mulighet gjennom kjærlighet som overskrider rettferdigheten gjennom bønner fra den rettferdige mannen Abraham.

Sodom og Gomorrah ble til slutt straffet fordi de ikke engang hadde to rettferdige mennesker blant dem, men Abrahams nevø Lot og hans familie ble frelst. Dette var fordi Lot oppholdt seg i Abrahams sted, han som var elsket veldig høyt av Gud. Siden Gud med andre ord elsket Abraham så mye, beskyttet Gud Lot og hans familie gjennom det åndelige stedet mens han tenkte på Abraham.

Akkurat som det ble forklart kan alt bli styrt gjennom Guds kjærlighet og rettferidghet i Guds område. Kjærlighet annulerer rettferdighet uten å forstyrre det. For å få slike tig til å skje, må en kultivere hjertet som er i likhet med rettferdigheten til den fjerde himmelen. Når en har kultivert hjertet som er et med Guds hjerte, da kan han nemlig vise Guds arbeide som går utenom rettferdigheten uten å forstyrre rettferdigheten fra den fjerde himmelen.

Problemet er hvordan vi kan kultivere Guds hjerte. Helt til dette er gjort, må en med bare tro og kjærlighet overvinne forferdelige prøvelser som er utenkelig for mennesker. Han må bli straffet ifølge Guds rettferdighet, ved å gå igjennom hvert steg gjennom prøvelser, helt til han kan bruke Guds sted ved å ha lært om rettferdigheten fra den fjerde himmelen.

Abraham hadde også mange prøvelser og tester helt til han ble kalt 'Guds venn'. Når han ble sytti-fem år gammel fortalte Gud ham at en stor nasjon ville bli dannet gjennom ham, men for mer enn tjue år fikk han aldri noe barn. Men når han ble nitti-en år gammel, og Sarah var åtti-ni og ikke lenger kunne få barn, fortalte Gud ham til slutt at han ville få et barn året etter.

Dette var helt umulig gjennom menneskelig kunnskap, men Abraham satte sin lit i Gud og tvilte aldri på ham. Gud kjente igjen hans tro som rettferdig, og idet han trodde fikke han Isak. Men når Isak vokste opp og ble kjærlig, ba Gud Abraham om å offre Isak som et brennende offer. Abraham trodde at Gud ville overvinne ham selv om han ga Isak som et brennende offer, for Gud hadde allerede fortalt ham at mange etterkommere ville komme frem gjennom Isak. Han kunne gi hans eneste sønn, Isak, uten noen som helst usikkerhet fordi han virkelig lovpriste Gud.

Etter at Abraham hadde bestått alle prøvene og testene, kalte Gud ham 'en venn av Gud' og satte ham opp som 'troens far.' Etter den siste prøven om å gi hans eneste sønn Isak som et brennende offer, fikk han alle veldignelsene som et menneske kunne få, som for eksempel barnas, helsens, rikdommens, og det lange livets velsignelser.

Gud kikker etter sane barn som kan motta velsignelser og lede mangfoldige sjeler imot frelse gjennom troen og kjærlighetens bønner akkurat som Abraham hadde gjort. Gud viser oss skapelsens arbeid, styrer livet og døden, og arbeider som overstiger sted og tid fordi Han gjerne vil ha sanne barn med Guds hjerte.

1. Mosebok 18:17-19 sier, *"HERREN sa, 'Skal jeg skjule fra Abraham det jeg er like ved å gjøre, siden Abraham helt sikkert vil bli en stor og mektig nasjon, og i ham vil alle nasjonene her på jorden bli velsignet? For jeg har valgt ham, slik at han kan styre over hans barn og hans hushold for å holde på HERRENs måte ved å gjøre det rettferdige og riktige, slik at HERREN kan gi Abraham alt det han har pratet om.'"*

Hvis vi bare kan forstå de grunnleggende prinsippene om Gud område som har blitt forklart opp til nå, da kan vi mye bedre forstå mange begivenheter fra Bibelen, og vi kan også erfare dem i livene våres. Vi kan gå utover menneskenes grenser hvis vi blir Guds sanne barn ved å tro på Gud og få tilbake Hans tapte bilde. Av denne grunnen ga den oppståtte Herren Jesus oss det siste ordet før Han for opp til Himmelen. *"... men du vil få makt når du mottar den Hellige Ånd; og dere skal være Mine vitner i både Jerusalem og i hele Judea og Samaria, og til og med til den fjerneste delen av jorden"* (Apostlenes gjerninger 1:8).

Hvordan kan en kortest mulig motta Guds makt og bli Herrens vitne? En kanbli det ved å rense vårt hjerte og be iherdig for å bli en person med en fullstendig ånd, slik at vi vil kunne bruke Guds sted. Vi burde også streve etter å kultivere Guds rettferdighet og kjærlighet for å fullstendig kunne arve det vakreste himmelske oppholdsstedet det Nye Jerusalem og til og med Guds plass.

2. Kapittel

Guds Likhet

En kan få tilbake Guds tapte speilbilde så fort
en blir Guds sanne barn som har Guds hjerte.
Men dette betyr ikke at han selv kan bli akkurat som Gud.
Gud kan eksistere som bare lyset uten noen som helst form,
eller Han vil kanskje ta til seg en viss form.

Gud Tok På Seg en Form for Menneskenes Kultivasjon

Mennesket Har Blitt Skapt Ifølge Guds Speilbilde

Vi Kan Ikke Direkte Se Guds Ansikt

Størrelsen på Guds Form

Guds Speilbilde i Apostelen Johnannes Syn

Være Med På den Guddommelige Naturen

Hva slags utseende har Gud? Hvor stor er Han? Når en har akseptert Jesus Kristus og blir bedre kjent med Gud, burde han også være nysgjerrig på Guds bilde og himmelens kongerike. Når barn blir skilt fra deres foreldre i lengre tid, vil de savne foreldrene deres og sette dem høyere. Det er noe i likhet med dette når Gud søker og lengter etter Ham gjennom vår natur.

Matteus 5:8 sier, *"Velsignet er det som har et rent hjerte, for de skal se Gud."* 'Å ha et rent hjerte' betyr 'og ikke sette ens tanker på meningsløse ting, men å ha en ren og ekte sannhet.' Dette er et hjerte som er uklanderlig og uten flekker og hvor vi ikke vil tenke på noen som helst ondskap eller frekkhet. Det står at det rene hjertet vil se Gud, så hva betyr så dette? Dette betyr ikke at de vil se selve Gud opprinnelige selvstendighet. Det betyr at de vil erfare Gud ved å motta alt det de spør Gud om.

Men det betyr ikke at mennesker aldri kan se Guds speilbilde i det hele tatt. Det betyr bare at de ikke kan se Guds ansikt direkte (2. Mosebok 33:20). Gud er ånden, så vi kan ikke fullstendig kjenne til Guds speilbilde siden vi ikke kan se Gud direkte. Men Gud sier at vi har blitt skapt i Hans speilbilde, så vi kan bare konkludere at vi har noe til felles med Gudnår det gjelder vårt utseende. Vi kan forestille oss hvordan Gud ser ut fra Bibelen, som er en åpenbaring om Gud.

Gud Tok På Seg en Form for Menneskenes Kultivasjon

Vi kan finne i 2. Mosebok 3:14 at Gud forklarer Seg Selv som *"JEG ER DEN JEG ER."* Han er den perfekte skapningen som eksisterte alene før tidens begynnelse. Mennesker har begrensede kunnskap, så vi tror at det må finnes en begynnelse på alt. Det er derfor Gud bruker ordet "begynnelse", men dette er bare for at vi kan forstå.

Johannes 1:1 sier, *"I begynnelsen kom Ordet, og Ordet hørte til Gud, og Ordet var Gud."* Og 1. Mosebok 1:1 sier, *"I begynnelsen skapte Gud himmelen og jorden."*

Gud skapte mennesker når Han skapte himlene og jorden og alle tingene i dem, og "begynnelsen" i 1. Moseboken etablerte et frohold til mennesker. På den annne side er begynnelsen som det ble pratet om i Johannes 1.kapittel et punkt i tiden som lå lenge før tidens skapelse. Dette har heller ikke noe forhold til mennesker.

I begynnelsen eksisterte Gud i et sted som er et åndelig rike, som er usynlig for oss. Gud eksisterte som et vakkert og briljant lys og hersket over alle ting og beskyttet alle stedene i universet. Gud hadde menneskeheten og også guddommeligheten, og av denne grunnen planla Han den menneskelige kultivasjonen for å få sanne barn og for å kunne begynne å eksistere som

Treenigheten: Faderen, Sønnen og den Hellige Ånd.

Det var på dette tidspunktet Gud fikk et utseende. 1. Mosebok 1:26 sier, *"Da sa Gud, 'La oss skape mennesket med Vårt utseende, Vårt speilbilde…'"*

Dette er selvfølgelig ikke en fysisk form som menneskene. Det var et åndelig utseende som inneholdt den åndelige Gud. Engler, de himmelske hærene, eller basunengler er alle åndelige skapninger, men de har hver sin form. Gud hadde ikke en form i begynnelsen, men på et tidspunkt fikk Han en spesiell form.

Gud Treenigheten fikk en form for menneskenes skyld, og når Gud skapte Jorden, som er scenen for menneskenes kultivasjon, kom Han ned til denne Jorden. Han søkte etter hva Jorden i fremtiden ville trenge og hvordan Han kunne lage disse tingene. Så begynte Han med den virkelige skapelsen av alle tingene.

Mennesket Har Blitt Skapt Ifølge Guds Speilbilde

Gud Treenigheten skapte menneskene i Hans eget speilbilde den sjette dagen av Skapelsen. Dette betyr ikke at det bare var menneskets utseende som ble skapt etter Guds speilbilde. Det betyr også at hjertet ble skapt etter Guds hjerte.

Men siden Adams ulydighet mistet menneskene det opprinnelige utseende som de hadde fått når de ble skapt, og de fikk bare flere og flere synder. Fordi Adam mistet Guds speilbilde, betyr ikke dette at utseende forsvant, men det betyr at han mistet Guds natur, som er den hellige aromaen.

Mennesker har blitt laget av ånden, sjelen, og kroppen, men på grunn av synden "døde" ånden til alle menneskene. Fra da av ble de ikke annerledes enn dyr som hadde blitt skapt med bare sjel og kropp.

Men når den riktige tiden kom, sendte Gud Jesus hit til jorden for å åpne veien til frelse slik at alle kunne bli frelst. Til alle de som aksepterer Jesus Kristus, gir Gud ham den Hellige Ånd i gave. Da vil hans døde ånd bli vekket opp, og han kan begynne å få tilbake Guds tapte speilbilde. Den hellige Gud vil også gjerne at Hans barn skal være hellige. Det er derfor Han anbefalende råder oss og sier, *"Dere skal være hellige, for jeg er hellig"* (1. Peter 1:16).

Gud er ikke interesert i utseende, men til personens hjerte. Vi kan bli Guds sanne barn hvis vi kjemper imot og kaster bort syndene til den grad hvor vi blir blødende og kaster bort all form for ondskap. Vi kan få tilbake Guds tapte speilbilde og utgi sterke lys ifra vår åndelige form til den grad hvor vi vil likne på Gud som er selve Lyset.

1. Johannes 5:18 sier, *"Vi vet at ingen er født med Guds synder; men Han som kom ifra Gud hersker over ham, og den onde ånden kan derfor ikke røre ved ham."* Gud beskytter de som lever ifølge Guds Ord og som ikke synder. På grunn av det sterke lyset deres, kan ikke fiende djevelen og Satan engang komme i nærheten av dem.

Grunnen til at Gud skapte verden og menneskene er for å få sanne barn som har Guds speilbilde. Men nesten alle mennesker siden skapelsen har ikke og vil ikke kultivere Guds speilbilde. Det har blitt født mangfoldige mennesker siden Adam, men bare en håndfull av dem har virkelig kultivert Guds hjerte som Han gjerne ville at de skulle ha. Slike mennesker spaserte sammen med Gud og åpenbarte om Hans i livene deres. De utførte mektige arbeider som gikk utover menneskenes fantasi. Elias brakte ilden fra Himmelen; Abraham ofret praktisk talt hans eneste sønn Isak i offring; apostelen Paulus var trofast gjennom hele livet sitt og hans kjærlighet. Når Gud så slike mennesker som dette, var Han veldig lykkelig.

På den annen side var det mennesker som ikke virkelig kunne bli sett på som 'Guds virkelige mennesker' selv blant de som ble brukt for Guds kongerike. I Elisja's tilfelle lærte han for eksempel alt fra Elisja og mottok en dobbel prosjon med Elisjas inspirasjon. Men hans hjerte var ikke like perfekt som Elisjas (2. Kongeboken 2:24). Når barn fulgte ham og hånte ham helt uutholdelig, forbannet ham dem til slutt. To hunbjørner kom ut og rev i stykker førti-to barn.

Lot så også godheten til Abraham, men han kunne fremdeles ikke kultivere Abrahams hjerte med godhet. Han mottok materialistiske velsignelser takket være Abraham og i en farlig situasjon ble livet hans reddet av Abraham. Men fremdeles kunne han ikke kultivere et perfekt hjerte.

Elisja utførte mange utrolige ting og mennesker sa at han var Guds menneske. Men det var bare at mennesker respekterte ham som en profet. Guds sanne menneske er ikke bare en person som kan bli brukt av Gud slik at de akkurat nå kan tjene Ham. Det er en person som har overvunnet Guds speilbilde og som har fått et hellig og rent hjerte som er feilfritt og uten skavanker.

Vi Kan Ikke Direkte Se Guds Ansikt

Siden Adams nedgang, har ingen i den første himmelen kunnet direkte se Guds ansikt, Han som er selve Lyset. Gud er ånden og vi kan ikke se Ham med våre fysiske øyne. Ytterlig sier også 2. Mosebok 33:20, *"Dere kan ikke se ansiktet Mitt, for det finnes ikke noe menneske som kan se Meg og fremdeles leve!"*

Elisja ble tatt opp til Himmelen uten at han så døden, men fremdeles kunne han ikke direkte se Gud. 1. Kongeboken 19:12-13 sier, *"Etter jordskjelvet kom ilden, men HERREN var ikke i ilden; og etter ilden hørtes lyden av en mild vind. Når Elisja hørte det, pakket han ansiktet sitt i hans sjal og gikk ut og stod i åpningen av hulen. Og så kom det en stemme til ham som sa, 'Hva gjør du her, Elisja?'"* Elisja hadde dekket hans ansikt i sjalet sitt når han hørte den svake lyden ifra Gud.

Dommerne 13:22 sa også, *"Så Manoah sa til hans kone, 'Vi vil helt sikkert dø, for vi har sett Gud.'"* Manoah er faren til Samson. Esaias sa også, *"Ve meg! Det er ute med meg. For jeg er en mann med urene lepper, jeg bor blant et folk med urene lepper, og mine øyne har sett Kongen, HERREN, Allhærs Gud"* (Esaias 6:5).

Mennesker ble til og med drept når de brøt et sted eller ting som hadde blitt satt til side for Gud. Dette var tilfelle med menneskene ved Beth-shemesh som ble drept fordi de kikket på arken som tilhørte HERREN (1. Samuels bok 6:19).

Siden mennesker vil dø hvis de direkte ser Guds ansikt, har Gud vist seg selv indirekte. Han viste seg selv i flammene i busken, eller i flammene i skyene. Noen ganger viste Han seg i undere som da Han delte Røde Havet og stoppet solen og månen; eller gjennom syn som når de lamme kunne stå, de blinde kunne se, de døve kunne høre, de stumme kunne snakke, eller de døde som ble vekket opp.

Gud viste også Hans utseende gjennom Herren Jesus som det ble pratet om i Kolosserne 1:15, *"Han er speilbilde til den usynlige Gud, alle skapelsenes førstefødte."* Johannes 1:18 sier, *"Det er ingen som har noensinne sett Gud; den eneste Gud som sitter i fanget til Faderen, Han har forklart Ham"* og i Johannes 14:9 sier Jesus *"Han som har sett Meg har sett Faderen; hvordan vi kan si, 'Vis oss Faderen'?"*

Det er i dag mange mennesker som sier at de tror på Gud, men de vet i virkeligheten ikke hvem Han er, og de forstår heller ikke Hans hjerte eller Hans vilje. De forestiller seg hvordan Gud er innenfor deres eget begrep om ting. Det er akkurat som en frosk som lever i en brønn som tror at den lille runde himmelen som de ser er hele himmelen. På samme måte kan heller ikke disse menneskene dele den sanne kjærligheten med Gud Faderen, og når de dessuten ser de som Gud elsker, synes de at dette er rart.

Jesus Viste Frem Guds Utseende

Hvorfor sier Jesus i Johannes 14:9, *"Han som har sett Meg har sett Faderen"?* Jesus oppholder seg i Gud Faderen, og Gud oppholder seg i Jesus, og de er derfor ett. Av denne grunnen var ordene som kom fra Jesus ikke Hans egne, men Han hadde fått dem ifra Gud Faderen.

I Johannes 12:49-50, sa Han, *"For Jeg har ikke talt ut ifra Meg Selv, men Far som har sendt Meg, har gitt Meg befaling om hva Jeg skal si og tale. Og Jeg vet at Hans befaling er evig liv. Det Jeg sier, det sier Jeg slik Far har sagt Meg det"* og i Matteus 15:30-31, *"Store folkemengder kom til Ham, og de hadde med seg lamme, uføre, blinde, stumme og mange andre. De la dem ned for føttene Hans, og Han helbredet dem. Folk undret seg da de stumme tale, uføre bli friske, lamme gå, og blinde se. Og de lovpriste Israels Gud."*

Når Jesus muntlig ga vitne til Faderen, viste Gud Ham at Han var Allmektig gjennom tegn, undere, og utrolige og vidunderlige ting. De som trodde på og fulgte Jesus kunne se Guds makt og lovprise Gud. Men de som ikke trodde på Jesus forlot Ham og ble borte. De trodde ikke på Jesus selv om de så Guds utrolige arbeider, bare på grunn av at disse tingene ikke passet sammen med deres egne teorier og kunnskap.

Jesus tok frivillig det forferdelige korset for å fullføre frelsens forsyn fordi Han var fullstendig et med Gud Faderen. Han hadde et hjerte sammen med Gud som gjerne ville frelse menneskene, synderne, selv om veien var gjennom lidelse. Han hadde den samme viljen som Gud med at Han Selv måtte bli det sonende offeret. Jesus gikk denne veien av denne grunnen uten noen nøling selv om det var en slik smal og vanskelig vei å ta på seg menneskenes måte å tenke på.

Hvorfor må vi ikke lage en statue av Gud?

I 2. Mosebok 3. kapittel ropte Gud på Moses fra ildens flamer i buskene på Horeb fjellet. Han ba ham om å lede isralittene som led i Egypt til det lovende landet Kanaan. Hvorfor viste Gud seg i buskens flammer?

Når buskene brenner blir de selvfølgelig helt ødelagt. Det var noe helt uvanlig at buskene ikke ble ødelagte av flammene eller at flammene forsvant. Gud hadde til hensikt å vise Moses at det fantes en åndelig, lett påvirket verden.

En busk kan også bli sett på som å symbolere en "forbannelse", og Guds budbringere som viste seg i ildens flammer i buskene betyr at Gud er den som til og med hersker over den forbannete busken. Dette vil dermed representere på en åndelig måte at fiende djevelen og Satan blir hersket av Gud. Moses ble en person som var kvalifisert i Guds øyne gjennom førti år med prøvelse, og Gud tilkate ham til slutt for å gjøre ham til Israels leder.

Men når Gud senere åpenbarte seg selv til isralittene inne i flammene på Horeb fjellet, hørte de bare Hans stemme og kunne ikke se noe. Gud minnet dem igjen på dette faktum senere og forbød dem sterkt å lage noen statue. *"Dere så ingen skikkelse den dagen HERREN talte til dere ut av ilden på Horeb. Ta dere derfor vel i vare, så dere ikke handler så ille at dere lager dere gudebilder i noen som helst skikkelse, bilder av mann eller kvinne, bilder av noe dyr på jorden eller noen fugl som flyr under himmelen, bilder av noe kryp på marken eller noen fisk i vannet under jorden. Og når du løfter blikket mot himmelen og ser solen og månen og stjernene, hele himmelens hær, må du ikke la deg rive med, så du bøyer deg og tilber dem og dyrker dem. Alt dette har HERREN din Gud overlatt til alle andre folk under himmelen"* (5. Mosebok 4:15-19).

Hvofor sa Gud dette? Mennesker ble skapt med en fast bestemt form, og de har derfor en tendens til å lage seg en form av Gud også. Gud var redd for at de ville begrense Guds natur innenfor rammeverket av dette bestemte bilde hvis de laget det. Hvis de laget et bilde av Gud, ville dette ikke hjelpe dem å forstå Ham bedre, men det ville heller gjøre det umulig for dem å se Guds sanne bilde fordi de ble bedratt av det "falske" bilde. Men på sin side vil dette kanskje føre dem til å tilbe idoler, som er en ting som Gud hater mest.

Gud er selve ånden, og hvordan kan vi lage et bilde av Ham og uttale oss om Ham? Så når Moses spurte Gud om å vise seg for Ham, lovte Han at Han ville vise alle de gode uttrykkene istedenfor det materialistiske bilde.

Akkurat som når vannet fryser til is, eller koker og damper vekk, kan Gud vise Seg Selv i forskjellige former selv om Han har en natur. På denne måten hjelper Han menneskene til å forstå Ham bedre, for Han er selve ånden og menneskene har deres fysiske grenser.

Størrelsen på Guds Form

Mange deler av Bibelen har noen uttalelser om Guds kroppsdeler som for eksempel, 'Dine øyne' (1. Kongeboken 8:29), 'øre' (Nehemja 1:6), og 'hender' (Esaias 65:2). Har disse uttrykkene bare symbolske meninger? Dette er ikke tilfelle.

Gud eksisterer ikke som et formløst tomrom. Han har en viss form som betyr at Han har en masse. Men Han er forskjellig fra menneskene på den måten hvor Han har en form som er selve ånden uten en fysisk kropp mens mennesker har ånd, sjel, og kropp. Gud har en form som briljante lys, og vi kan ikke direkte se Ham. Han er også fundamentalt forskjellig fra mennesker ved at Adam først hadde en form som så ble fylt med sannheten, mens Gud er selve sannheten og Han fikk så en form.

Noen vil kanskje tro at Gud eksisterer i en veldig stor kropp for Han er Skaperen som skapte alle tingene i universet og han hersker over dem. Han har selvfølgelig en stor form, man Han kan fritt endre på hans form. Vi kan derfor ike forstå hvordan Hans form ser ut hvis vi tenker med en menneskelig forståelse.

Selv etter at vi kommer inn til Himmelen, er vi vesentlig forskjellige fra Gud. Mennesker vil ha en åndelig kropp som her på jorden gikk gjennom den menneskelige kultivasjonen i en fysisk kropp. Men Gud kan enten ha en form eller forlate den nåværende formen. Men mennesker vil bli begrenset til en viss form som aldri vil forandre seg i Himmelen. Det er litt i likhet med at vi kan lage alle slags former ut av gips, men så fort vi blir ferdig med formen kan vi ikke få den tilbake til dens opprinnelige masse.

Gud kan bare eksistere som lyset uten noen som helst form, eller Han kan også få en viss form. I den fjerde himmelen vil ikke Gud vanligvis gi Seg Selv en form og Han vil bare eksistere som lyset og stemmen. Men Han tar en form når Han er med profetene eller når Han kommer ned til den tredje himmelen, det himmelske kongerike. Han tar på seg en form når Han er på et sted hvor Han burde ta på seg en form, og Han har ikke en form når Han ikke behøver å ha en. Han kan til og med fritt styre størrelsen på formen Hans.

I den fjerde himmelen er for eksempel en masse ikke satt sammen som noe fast, væske, eller gass. Den samme massen kan forandre dens form så fritt som Gud oppbevarer det i Hans hjerte. Så Gud eksisterte opprinnelig som lyset og lyden som ikke hadde noen form, men når Han kommer ned til den Tredje Himmelen, da kan Han få en spesiell form.

Den første mannen Adam ble laget etter dette bilde, bilde av Gud i den tredje himmelen, som også er bilde som vi kan se når vi kommer til Himmelen. Men selv om Han har den samme formen, virker Han forskjellig fra når Han oppholder seg i den fjerde himmelen og når Han oppholder seg i den tredje himmelen. Dette er fordi lyset, æren, verdigheten, og alle ting ser annerledes ut i forhold til de forskjellige dimensjonene.

Den samme krystallbiten vil for eksempel se forskjellig ut avhengig av hva slags lys og hvordan krystallen sitter på ringen. Æren og formen til den opprinnelige Gud i den fjerde himmelen vil på samme måte se forskjellig ut på et sted som har en lavere dimensjon. Selv i det samme åndelige riket, ser formene forskjellig ut i forhold til de forskjellige dimensjonene, og forskjellen vil bli mye større hvis Gud kommer ned til den første himmelen, det fysiske stedet.

Og for øvrig kunne se Gud fra denne fysiske verdenen gjennom en åpen passasje til det åndelige riket, og kunne sr Gud som kom ned til denne jorden og som har tatt på seg et begrenset fysisk område, vil være helt annerledes. Profetene eller englene kan ikke sette i gang dette fysiske stedet, så selv om de viser seg i det fysiske stedet, vil de fremdeles holde seg på det åndelige. Men Gud kan ta på seg hvilken som helst sted som Han har i hjertet for Han er Skaperen som skapte alle slags steder. Ha kan vise seg i det fysiske stedet mens Han er i det åndelige stedet, og Han kan også vise seg i en fysisk form, som er synlig til menneskene.

Gud viser Seg gjennom åndelige vandringer

Vi kan finne mange skrivelser i Bibelen om selve Gud som kom ned til jorden gjennom menneskelig kultivasjon. Hvordan kom Gud ned til denne jorden?

Akkurat som 1. Mosebok 11:5 sier, *"HERREN kom ned til byen og tårnet som menneskesønnen hadde bygget,"* selve Gud kom ned til jorden for å se hva menneskene gjorde. Og Han kom ned for å se Moses akkurat som det ble sagt i 2. Mosebok 19:18, *"Hele Sinai fjellet stod i røyk, fordi HERREN var kommet ned på det i ild. Røyken steg opp fra det som i en smelteovn, og hele fjellet skalv"* og i 4. Mosebok 11:25, *"Da kom HERREN ned til ham gjennom skyene og snakkte til ham; og Han tok Ånden som Han hadde og plaserte den på de sytti eldre. Og når Ånden hvilte på dem, profeterte de. Men de gjorde ikke dette om igjen."*

Gud følger ikke tidens endringer. Alle de fysiske og åndelige stedene tilhører Ham. Men faktumet er at Han fremdeles brukte et passasje for å komme ned til jorden. Han behøvde ikke komme gjennom den åndelige passasjen, men Han gjorde det for ikke å selv bryte de rettferdige reglene.

Selv om Gud selv var der, kunne ikke de kjødelige menneskene på den tiden se Ham. Men de som hadde åpne åndelige øyne og som kommuuikerte med Gud kunne se Gud i forhold til hvor mye de hadde kommet inn i det åndelige. Det er selvfølgelig ikke det samme som å stå ansikt til ansikt med Gud, Men de kunne se og føle Ham innenfor grensene som Gud tillot.

2. Mosebok 33:11 sier, *"HERREN hadde før pratet til Moses ansikt til ansikt, akkurat som et menneske prater med hans venn."* Men dette betyr ikke at Moses kunne åpent se Guds ansikt. Det betyr at Gud viste Seg Selv til Moses på en spesiell måte slik at Moses ikke måtte dø selv etter at han hadde sett Guds ære. Dette var fordi Moses var mer ydmyk og mer beskjeden enn noen andre her på jorden, og han var trofast i alle Guds hus.

2. Mosebok 33:18-19 sier, *"'La meg da få se din herlighet!' sa Moses. Han svarte: 'Jeg vil gå forbi deg i all min godhet og*

rope ut for deg mitt navn, Herren. For Jeg er nådig for den Jeg viser nåde, og barmhjertig mot den Jeg orbarmer Meg over.'"

Men i 2. Mosebok 33:23, kan vi forstå at Moses ikke så Guds ansikt, men bare Hans rygg. Han var mer beskjeden og ydmukende enn noen andre her på jorden og trofast i alle Guds hus, men fremdeles kunne han ikke se Guds skikkelse åpent, fordi han var bundet av den fysiske kroppens begrensninger.

Gud viste seg for Abraham

I 1. Mosebok 18. kapittel kan vi lese at Abraham tjente tre personer med alt det han hadde. Dette var begivenheten når Gud den Hellige Ånd og to basunengler viste seg i menneskelig form. Gud den Hellige Ånd er den samme som Gud Faderen, og Han kan vise seg i en menneskelig form som har tatt formen av det fysiske stedet som Han holder i sitt hjerte.

Hvordan kunne så de to basunenglene vise seg i en menneskelig form? De kan ikke ta på seg en fysisk form på egen hånd, men det ble mulig fordi de var sammen med Gud den Hellige Ånd på stedet til Gud den Hellige Ånd. Men at Gud den Hellige Ånd og de to basunenglene viste seg i en menneskelig form betyr ikke at de var lik menneskene. Det var bare at de tok på seg en form på toppen av deres egen åndelig form slik at deres åndelige form kunne bli sett på det fysiske stedet.

De tre, det vil si Gud den Hellige Ånd og de to basunenglene spiste maten som Abraham ga dem (1. Mosebok 18:8), men måten de spiste på var annerledes enn måten som menneskene spiste på. De verken tygget eller fordøyde maten på samme måte som menneskene, men så fort de spiste ville bare maten forsvinne opp i luften. Det er i stor likhet med den oppståtte Herren som når Han spiste mat hvor maten ble oppløst og borte gjennom Hans pust. Det å ha tatt på seg den fysiske plassen for et øyeblikk var ikke det samme som å ha en gjenopplivet kropp. Den oppståtte kroppen er en fysisk kropp her på jorden som forandret seg til en åndelig kropp, men for de tre personene på denne tiden, eksisterte de flyktig i en kropp som var passet seg til det fysiske stedet.

Grunnen til at Gud den Hellige Ånd måte komme ned hit til jorden med to basunengler mesn Han tok på seg et fysisk utseende var fordi Han måtte se Sodom og Gomorrah personlig. Han kunne selvfølgelig ha kommet ned åndelig for å gjøre dette, men Han hadde også en grunn til å gå til landet slik at Han selv kunne se dem.

De to basunenglene viste seg i menneskelig form, og det er derfor de helt sikkert kunne sjekke hvor fordervet menneskene der var. De så skjønnheten av de to basunenglene og prøvde å være onde mot dem. Gud den Hellige Ånd og de to basunenglene kunne øyeblikkelig erfare og føle ondskapen fra menneskene i Sodom og Gomorrah siden de nå selv stod foran dem i en menneskelig form.

1. Mosebok 18:13 sier, *"Og HERREN sa til Abraham..."* Fra dette kan vi konkludere at han som viste seg for Abraham var HERREN Gud. Men det står at han så tre personer slik at vi kan

forstå hvordan Gud viste seg for Abraham.

Det var mange forskjellige måter som Gud viste seg for Abraham. Han kunne vise seg til Abraham i en drøm eller syn, eller Han kunne bare ha gitt ham Hans stemme. Disse var metoder som åpnet det ådnelige stedet for Abraham som holdt seg på det åndelige stedet slik at han kunne se og føle Gud som ogs3 oppholdt seg i det åndelige stedet. I slike tilfeller kan en se Gud og bare høre Hans stemme når hans åndelige øyne og ører åpnet seg. Hvis ens åndelige øyne ikke blir åpnet, da kan han aldri se hva som skjer inne i ånden, selv om Gud er med ham.

Men når Gud viste seg sammen med basunenglene, var dette helt annerledes. På denne tiden gjaldt det ikke bare å åpne det åndelige stedet i det fysiske stedet for at Han kunne bli synlig på det fysiske stedet. Det var en tilstand hvor Han egentlig kom ut til det fysiske stedet. Og selv om det hadde en begrenset grad, tok Han til seg en fysisk form og kom ut til det fysiske stedet.

Hvis det førstnevnte er som å se Guds bilde på TV, da vil det sistnevnte bli i likhet med at Gud kom ut fra TV'en. Hvis Gud kommer ut fra det fysiske stedet og har tatt på seg den begrensede fysiske formen, da kan menneskene se Ham selv om deres åndelige øyne ikke har blitt åpnet, og i et slikt tilfelle kan Gud likne et menneske.

Herren har en form som en sterk briljant

Hvordan ser så Guds Sønn ut som? Noen ganger hører vi ifra mennesker som sier at de så Herren i drømmer eller syn.

De fleste av dem sier at Han var full av barmhjertighet og kjærlighet, og dette er fordi Han tok lyset sitt vekk slik at Han kunne vise seg selv som full av barmhjertighet. Hvis Han viser den guddommelige myndigheten og respekten som ligger på det samme nivået som Gud Skaperen, da ville ingen tørre å se direkte på Ham.

Det er på grunn av dette at vi ikke kan se Herren i Himmelen hvis ikke vi strever etter fred med alle mennesker, og frelse (Hebreerne 12:14). Lyset til Herren er bare alt for sterkt. Bare de som kommer inn til ånden og den fullstendige ånden kan se Herren fordi lyset fra deres egen åndelige kropp vil også være sterk.

Apostelen Johannes så Herrens utseende i hans syn. Han beskrev detaljert om øynene, føttene, og håret til Herren. Vi kan også forestille oss Gud Faderens utseende fra beskrivelsen av Herrens utseende.

Johannes' åpenbaring 1:14-15 sier, *"Hans hode og Hans hår var hvitt som hvit bomull, sne; og Hans øyne var akkurat som flammer fra ilden. Hans føtter var som skinnende bronsje, når de ble laget for å lyse i ovnen, og Hans stemme var i likhet med lyden fra masse vann."*

Det står at Herrens hår var hvitt som hvit bomull, og dette betyr at Han ikke har noen ondskap, og at Han står midt i den perfekte godheten. Det står at øynene Hans er som flammer ifra ilden, men dette betyr ikke at hans øyne er skremmende. Det betyr at de lyser opp omgivelsene og får andre til å føle seg varme. Det betyr også at de brenner alle syndene og ondskapen. Ingen kan gjemme seg fra disse øynene til Herren, og alt kan bli klart og tydelig avslørt rett foran Ham. Det står at føttene Hans er som skinnende bronsje. Jo mer du raffinerer det jo renere vil bronsjen bli. Mange ganger i literaturen vil de sammenligne øynene til en vakker kvinne med blinkende stjerner eller lepper med kirsebær. Johannes sammenlignet Herrens føtter på samme måte med skinnende bronsje. Føtter er kroppsdelen som mennesker ser på som mest skitten. Og Johannes skrev at til og med Herrens føtter er helligere og høyere hedret.

Johannes' åpenbaring 1:16-17 sier også, *"... og ansiktet hans var som solen når den skinner i all sin kraft. Når jeg så Ham, falt jeg ned på føttene Hans som en død mann. Og Han satte Hans høyre hånd på meg og sa, 'Vær ikke redd; Jeg er den første og den siste... '"*

Apostelen Johannes var et frelset og godt menneske som kunne motta Guds åpenbarelse, men han ble som en død person overfor Herren. Herren la Hans høyre hånd på Johannes og ba ham om ikke å være redd. Dette betyr at Herren ga ham forpliktelsen om å skrive boken Johannes' åpenbarelse som vil vekke opp mange på slutten. Det stod også at Herren trøstet Johannes slik at han kunne fullføre hans forpliktelse i fred.

Guds Speilbilde i Apostelen Johnannes Syn

Apostelen Johannes så Guds trone og tingen rundt omkring den og skrev om dem i Johannes' åpenbarelse 4.kapittel. Han så en begivenhet som ville skje lenge etter at den ble skrevet ned. Akkurat som i dette tilfelle kan vi med Guds tillatelse holde oss til hvilket som helst sted til enhver tid samme om det gjelder fremtiden eller fortiden, og overskride både tid og sted. Vi kan se Himmelen og helvete, tiden før Skapelsen, og også den Store Hvite Tronedommen som vil finne sted i fremtiden.

I apostelen Paulus tilfelle, ble hans ånde skilt for å kunne se det åndelige riket. Her vil skillelsen av ånden referere til ens ånd som kommer ut fra hans kropp. En kan også se det åndelige rike gjennom et syn, men i et syn kan han bare se deler. Når Gud av denne grunnen vil vise oss et større bilde, vil Han arbeide gjennom åndens separering. Så hvordan kunne apostelen Johannes se Gud og Hans trone.

Han hadde gjennomgått så mange prøvelser og forfølgelser i Herrens navn og helt til han ble nitti år gammel. Han ble kastet inn i en kokende kjele med olje, men han døde ikke ifølge Guds arbeid. Han måtte til slutt landflykte til Patmos øyen. Han fikk åpenbarelse ifra Gud gjennom alle de dype bønnene ifra øyen. Han hadde innen da blitt fullstendig frelst gjennom de dype bønnene og de mange prøvelsene som han hadde måttet gå igjennom. Han mottok åpenbarelser i hellighetens sted, og det er derfor hans ånd kunne gå så høyt som Guds trone.

I Johannes' avslørelse 4:3 beskriver han tronen til Gud slik:

Og Han satt som en jaspis stein og en karneol på utsiden; og det var en regnbue rundt tronen, akkurat som smaragdens utseende.

I Guds spesielle forsyn så Johannes Gud og Hans trone, men

han kunne ikke se detaljene i Guds ansikt, for lysene som kom ut ifra Hans ansikt var altfor sterke. Akkurat som vi ikke kan kikke på den skinnende solen på grunn av det sterke lyset, kan vi ikke se Guds bilde, Han som er Lyset så lenge vi har det åndelige mørket inne i oss. For å kunne se Guds bilde, må vi kaste bort ondskapen og få Guds hjerte for å kunne få et perfekt hjerte. Bare de som kommer inn til det Tredje Kongerike i Himmelen eller ovenfor kan se Guds bilde.

Johannes ånd dro opp til Guds trone, men han kunne ikke se den egentlige formen av Guds ansikt. Så han sa at Gud var i lihet med en jaspis stein og en karneol i utseende.

'Akkurat som en jaspis stein' vil bety at forskjellige slags lys kommer strålende ut ifra Gud. Hvis du skinner som en jaspis, vil det reflektere mange slags vakre lys, og på samme måte er det mange slags forskjellige slags lys som kommer ut ifra Gud. Jasper vil også bringe meningen med 'renhet, ikke ha noen skavanker, ærlighet, og rettferdighet'. Apostelen Johannes beskrev Gud og sammenlignet Ham med en dyrebar edelstein som mennesker her på jorden ser på som verdifulle.

'Akkurat som karneol' symboliserer at Gud er skinnende og briljant, og Han er like vakker som flammene i ilden. Karneolen som har en rødaktig farve, inneholder lyset til den Hellige Ånd det som ligger inne i Gud. Gud Faderen og Gud den Hellige Ånd er en, og lyset som den Hellige Ånd huser kan også bli funnet i Gud Faderen. Farvene til jaspisen og karneolen kan vanligvis bli funnet i alle Treenighetene.

'Regnbuen' symboliserer løfte (1. Mosebok 9:12-13). Gud

viste dem en regnbue som tegn på Hans løfte om at Han aldri ville straffe menneskene med vann etter Noahs syndflod. Johannes sammenligner formen av regnbuen som omringer Guds trone og lysene med smaragdene som stråler ut ifra det. Han sammenlignet farvene og lysene til regnbuen til smaragden innenfor grensene av hans kunnskap.

Smaragden symboliserer Guds urokkelighet, modighet, og styrke. I et lysshow kan vi se forskjellige lys vise seg på forskjellige tider. Forskjellige farver på lysene viser seg på rekke og rad, eller de samler seg sammen for å lage et større syn. Når mennesker ser disse forestillingene, vil hver av dem uttrykke lyset på forskjellige måter. Noen vil kanskje konsentrere seg om et par spesielle farver, mens andre vil forklare om sammensetningen av farvene med et eksempel.

Apostelen Johannes så også lyset som kom ut fra Gud, Guds trone, og lyset fra forskjellige farver som kom ut fra regnbuen som omringet den, og han uttalte om dem gjennom eksempler på dyrebare steiner. Det er vanskelig å vise skjønnheten fra Himmelen med eksempler fra verdslige ting. Vi burde derfor ikke bare tenke at lyset som kom ifra Gud og Hans trone er akkurat som et par edelsteiner, men prøv å føle skjønnheten av disse farverike lysene i inspirasjonen fra den Hellige Ånd.

Være Med På den Guddommelige Naturen

I den fjerde himmelen eksisterer Gud som lyset som

inneholder den kimende stemmen som ligger inne i lyset. Dette er et sted som har det sterkeste lyset og vakrere farver enn du noensinne kan forestille deg. Hemmeligheten og klarheten av lysene fra den opprinnelige Gud fyller hele rommet. Dette kan ikke bli sammenlignet med noe her på jorden samme hva slags språk en prater. Hvis en går inn til dette tedet, kan han se det mystiske lyset fra Gud og føle utspredelsen av Hans hjerte. Bare et par valgte personer som har kultivert det samme stedet og dimensjonen i hjertet sammen med Gud kan komme inn til dette stedet gjennom Guds tillatelse. Hvis en person som ikke er kvalifisert til å komme inn til dette stedet kommer inn, da vil hans ånd bli kastet bort og forsvinne.

Vi får et hjerte med Gud hvis vi kommer inn til denne dimensjonen med det perfekte lyset som Lysets barn. Da vil tingene bli gjort ifølge hvordan vi oppbevarer det i hjertene våres, og vi kan vise utrolig makt ifra Gud. For å kunne gjøre dette, må vi få tilbake Guds tapte bilde, og ha Guds hjerte. Vi kan kommunikere med Gud ti den grad hvor vi kan kaste bort all form for ondskap og fullføre den fullstendige ånden for å bli et perfekt lys. Så fort vi oppnår dette, da kan vi få alt det vi ber om i bønnene, og vi vil også kunne holde oss på en høy stilling i himmelens kongerike.

I henhold til hvor mye vi mottar hellighet og ligner Guds hjerte, kan vi bruke Guds plass og gå lenger enn menneskenes grenser, og vi kan også se Guds bilde. Moses så bilde av Gud for han var den mest ydmyke av alle menneskene her på jorden og han var trofast i alle Guds hus. Abraham så Gud som kom ned til jorden i en fysisk form, for han holdt seg veldig nære det perfekte lyset.

Gud planla menneskenes kultivasjon for å få sanne barn, og Han fylte oss med alt som hadde med livet og guddommeligheten å gjøre gjennom Hans mystiske makt. Vi må derfor prøve å verken bli ubrukelig eller ufruktbar i vår Herre Jesus Kristus sanne kunnskap. Vi kan stå fast på tilkallingen og valget av Gud idet vi i vår tro gir moralsk fortreffelighet, og i vår moralske fortreffelighet, kunnskap, og i vår kunnskap, selvbeherskelse, og i vår selvbeherskelse, uutholdenhet, og i vår uutholdenhet, godhet, og i vår godhet, brøderlig vennlighet, og i vår brøderlig vennlighet, kjærlighet.

2. Peters brev 1:3-4 sier, *"... ja alt vi trenger for å leve i gudsfrykt, har hans guddommelige makt gitt oss i gave ved at vi kjenner ham som kalte oss ved sin egen herlighet og makt. Slik har vi fått de største og mest dyrebare løfter. Ved em skulle dere få del i guddommelig natur når dere har sluppet unna forfallet, som kommer fra lystene i verden."*

For at vi kan ta del i den guddommelige naturen er å kunne fullføre det perfekte lyset som er godt nok til å bli absorbert av Guds lys. På denne måten kan vi ha kvalifikasjonene til å komme inn til Guds plass. Det er å være med på den guddommelige egenskapen hvis vi fullfører lyset som ligner Guds perfekte lys og går fremover imot plassen hvor den opprinnelige Gud lever. Hva må vi så gjøre for å være med på den guddommelige naturen?

Først må vi kultivere et perfekt åndelig hjerte.

Vi må bli ett med Gud som er ånden, og vi må derfor kultivere det perfekt åndelige hjertet. Hvis vi har noen ondskap, kjødelige tanker, eller bruker våre egne tanker, da kan vi ikke være med på den guddommelige naturen. Vi må kaste bort all slags ondskap (1. Tessalonikerne 5:22) og alle de kjødelige tankene (Romerne 8:6) for å få et åndelig hjerte.

For å få et åndelig hjerte er å ha en fullstendig ånd, et sant og alvorlig hjerte som Gud gjerne vil at vi skal ha. Bare etter at vi har fått et slikt hjerte, kan vi begynne å forstå hva Gud, Herren, og den Hellige Ånd virkelig vil ha. Jesus kom hit til jorden og erfarte sult, sorg, tretthet, og smerter. Han praksiserte Guds Ord og fullførte Loven gjennom kjærligheten.

Selv om Han gikk gjennom alle disse smertene med en menneskelig kropp, fulgte Han fremdeles Guds vilje. Han kranglet aldri eller hevet Hans stemme, men fullførte bare fullstendig Guds vilje ved å offre seg selv. Vi må derfor ikke gi unnskyldninger og si at mennesker er svake. Vi må ta del i den guddommelige naturen ved å bli kvitt all form for synder og ondskap og gjøre gode gjerninger og ha et guddommleig hjerte.

Hva slags hjerte har du? Jeg forklarte om hvilke kvalifikasjoner du må ha for å kunne komme inn på lysets plass, og sammen med dem kan vi sjekke oss selv. Vi kan skjekke på hvordan vi kan kaste vekk de kjødelige tingene, de kjødelige arbeidene, og ondskapen; og i hvilken grad vi kan kultivere den samme godheten som Gud gjerne vil ha; hvor mye vår kjærlighet ifra Gud kommer ifra vårt hjerte og utgir godhetens arome; og hvor mye vi kan bære de ni fruktene som kommer fra den Hellige Ånd og fruktene fra Salighetene.

Med hensyn til å for eksempel holde fred, vil dette bety at vi har et åndelig hjerte, vi er i nærheten av Herrens lys, og vi kan til en viss grad være med på den guddommelige naturen, hvis vi holder fred med alle mennesker. Vi kan bare si at vi har et perfekt åndelig hjerte når vi holder på fruktene fra den Hellige Ånd, den åndelige kjærligheten som ble funnet i 1. Korinterne 13, fruktene fra Salighetene, og fruktene fra Lyset, og ikke bare 50 % eller 60 %, men 100 %.

For det andre må vi be med inspirasjonen fra den Hellige Ånd.

Gud vil ikke ha bønnenes aroma som blir gjort på grunn av forpliktelse. Han vil at vi skal be iherdig for å kultivere Guds hjerte. Mennesker vil kanskje be like lenge, men aromaen fra hjertet er forskjellig fra person til person. Noen blir tilfredstilt bare ved at de fullførte de daglige bønnene, mens andre vil ikke engang innse at tiden går når de ber, for de er så lykkelige når de ber til Gud slik at de kan forandre seg selv gjennom deres kjærlighet for Ham.

Vi burde vise arbeider fra det åndelige rike her i denne fysiske verden. For å gjøre dette må vi motta styrken og makten ifra Gud som oppholder seg i det åndelige riket. Våre bønner må derfor ikke bare bli ofret gjennom forpliktelse. Gud vil at vi skal be med hele vårt hjerte fordi vi elsker Ham.

For å kunne motta makt ifra Gud, må vi offre åndelige bønner som kan trenge seg gjennom det fysiske området og åpne den åndelige plassen. For å gjøre dette burde vi ikke be bare når vi selv vil eller mens vi er opptatte med tomme tanker. Slike bønner kan ikke komme gjennom det fysiske stedet. De vil bare bli bortkastede. Gud kan ikke bli rørt med slike bønner. Hvis dine barn ber deg med stahet om bare det de vil ha på grunn av grådighet, hvordan ville du føle deg som deres foreldre? Du ville sikkert bli skuffet.

1. Korinterne 2:10 sier, *"For Gud avslørte dem gjennom Ånden; for Ånden søkte etter alle tingene, til og med Guds dybde."* Vi må be gjennom den Hellige Ånds inspirasjon den som sitter inne i vårt hjerte. Da vil vi kunne be for de riktige tingene ifølge Guds vilje, og vi vil også kunne forstå hva vi må gjøre. Vi vil kunne åpne porten til det åndelige rike og kunne kommunikere med Gud som sitter i den åndelige dimensjonen, Slik at vi vil bli forenet med den Hellige Ånden inne i oss.

For det tredje må vi elske og akseptere alle med en ærbar generøsitet.

Hjertet til ånden som liknet Guds hjerte inneholder allerede kjærlighet og gavmildhet, men igjen legger jeg vekt på kjærlighet og gavmildheten. Det er fordi vi kan elske alle rundt oss fordi vi elsker Gud, og vi må ha frisinnete hjerter og generøsitet for å kunne akseptere alle. Vi burde bli fulle med kjærlighet og generøsitet og ta vare på alle rundt oss som har det vanskelig eller som er trette. Guds hjerte er større enn noe en kan måle, men Han er så delikat og omsorgsfull at Han tar seg av foreldreløse barn og enker, og folk som har blitt forsømmet.

Når vi til og med tar vare på små ting som kjærlighet, og oppbygger andre med vår generøsitet, vil dette være å være med på den guddommelige naturen. Vi burde forstå oss selv og endre oss gjennom Guds Ord for å være med på den guddommelige naturen.

Når vi har et fullstendig hjerte med lys og er med på den guddommelige naturen, akkurat som jeg tidligere forklarte, kan vi komme inn til lyset og Guds område. Hvis vi går inn til Guds område, vil vi kunne se det spesielle lyset på dette stedet. Vi vil også kunne føle Guds hjerte som er så stort og vid. Og selv om vår fysiske kropp ligger på den fysiske plassen, vil vi kunne bruke Guds plass som vi har i vårt hjerte for å kunne åpenbare slike utrolige ting som ligger langt utover menneskenes forståelse.

1. Johannes 1:5 sier, *"Dette er budskapet som vi har fått ifra Ham og som vi forteller videre til dere, at Gud er Lyset, og at det ikke finnes noe mørke i Ham i det hele tatt."* Hvis vi oppholder oss i Guds perfekte lys, vil dette bety at vi har et hjerte sammen med Gud, og alt det vi holder inne i vårt hjerte vil bli utført, og vi vil fullføre større makt enn noe menneske kan forestille seg.

Jeg ber i Herrens navn at dere vil alle ha slike kvalifikasjoner slik at dere vil kunne nyte alle velsignelsene som Abraham nøt her på jorden, og få den mest ærede stillingen i Himmelen, lysets evige plass.

Forfatteren:
Dr. Jaerock Lee

Dr. Jaerock Lee ble født i Muan, Jeonnam Province, republikken Korea, i 1943. Når han var i tjueårsalderen, led Dr. Lee av forskjellige uhelbredelige sykdommer i sju år og ventet på å dø uten håp om å bli helbredet. En dag på våren 1974 ble han imidlertidig ført til kirken av hans søster og når han knelte ned for å be, da helbredet Gud ham med det samme.

Fra det øyeblikket Dr. Lee møtte den levende Gud gjennom denne vidunderlige erfaringen, har han elsket Gud med hele hans hjerte og med all oppriktighet, og i 1978 ble han utpekt for å bli Guds tjener. Han ba iherdig med uttallige fastende bønner slik at han klart kunne forstå Guds vilje, fullstendig forstå det og adlyde Guds Ord. I 1982 startet han Manmin Sentral Kirken i Seoul, Korea, og det skjedde mangfoldige arbeider fra Gud, inkludert vidunderlige helbredelser, tegn og undere i denne kirken.

I 1986 ble Dr. Lee presteviet som en prest ved den Årlige Forsamlingen til Jesus' Sungkyul Kirken i Korea, og fire år etterpå i 1990, begynte hans gudstjeneste å kringkaste i Australia, Russland, Fillipinene, og mange flere gjennom Den Fjerne Østens Kringkastingsfirma, den Asias Kringkastings Stasjonen, og Washington Kristelige Radio System.

Tre år senere i 1993, ble Manmin Sentral Kirken valgt som en av "Verdens 50 Beste Kirker" av det *Christian World* magasinet (US) og han mottok en Æret Guddommelig Doktorgrad fra Christian Faith College, Florida, USA, og i 1996 fikk han en Doktorgrad i filosofi i Menigheten fra Kingsway Theological Seminary, Iowa, USA.

Siden 1993 har Dr. Lee vært i spissen for verdens verdens evangelisering gjennom mange utenlandske kampanjer i Tansania, Argentina, L.A., Baltimore, Hawaii, og New York City i USA, Uganda, Japan, Pakistan, Kenya, og Filippinene, Honduras, India, Russland, Tyskland, Peru, Den Demokratiske Republikk i Kongo, Israel og Estonia.

I 2002 ble han kaldt "verdens vekkelsespredikant" av store Kristelige aviser i Korea for hans mektige menigheter i de forskjellige utenlandske kampanjene. Hans 'New York Kampanje 2006' som ble holdt i Madison

Square Garden, den mest verdensberømte arenaen, ble spesielt kringkastet til 220 nasjoner, og i hans 'Israel Samlede Kampanje 2009' som ble holdt i det Internasjonale Konferanse Senteret i Jerusalem proklamerte han modig at Jesus Kristus er Messias og Frelseren. Hans gudstjeneste er kringkastet til 176 nasjoner via satelitter inkludert GCN TV og han ble satt som en av de 10 Mest Inflytelsesrike Kristelige Ledere i 2009 og 2010 av det Russiske populære Kristelige bladet *In Victory* og det nye firma *Christian Telegraph* for hans mektige TV kringkasting menighet og den utenlandske menigheten med kirkeprester.

Fra mars 2017 og fremover har Manmin Sentral Kirken en menighet på mer enn 120,000 medlemmer. Det finnes 11,000 søster kirker rundt omkring på kloden inkludert 56 innenlandske søster kirker, og opp til nå har mer enn 102 misjonærer blitt sendt til 23 land, medregnet Amerika, Russland, Tyskland, Canada, Japan, Kina, Frankrike, India, Kenya, og mange flere.

Opp til datoen av denne utgivelsen har Dr. Lee skrevet 106 bøker, inkludert bestselgeren *Å Smake på Det Evige Livet Før Døden, Mitt Liv Min Tro I & II, Korsets Budskap, Troens Målestokk, Himmelen I & II, Helvete,* og *Guds Makt.* Hans arbeider har blitt oversatt til mer enn 76 språk.

Hans kristelige spalter står skrevet i *The Hankook Ilbo, The JoongAng Daily, The Chosun Ilbo, The Dong-A Ilbo, The Seoul Shinmun, The Kyunghyang Shinmun, The Hankyoreh Shinmun, The Korea Economic Daily, The Korea Herald, The Shisa News,* og *The Christian Press.*

Dr. Lee er for tiden lederen av mange misjonsorganisasjoner og foreninger: inkludert Formann, The United Holiness Church of Jesus Christ; Permanent President, The World Christianity Revival Mission Association; Founder & Board Chairman, Global Christian Network (GCN); Founder & Board Chairman, World Christian Doctors Network (WCDN); and Founder & Board Chairman, Manmin International Seminary (MIS).

Himmelen I & II

Et detaljert utdrag av de forferdelig flotte omgivelsene som de himmelske innbyggerne nyter og vakker beskrivelse om forskjellige nivåer av de himmelske kongerikene

Korsets Budskap

Et mektig og oppvekkende budskap for alle menneskene som sover åndelig! I denne boken vil du finne grunnen til at Jesus er den eneste Frelseren og Guds virkelige kjærlighet.

Helvete

Et oppriktig budskap til alle mennesker ifra Gud, som ikke ønsker at en eneste sjel skal falle inn i dypet av helvete! Du vil oppleve en beretning som aldri før har blitt avslørt om den grusomme virkeligheten til det Lavere Dødsrike og helvete.

Ånd, Sjel og Kropp I

En reisehåndbok som gir oss åndelig forståelse angående ånden, sjelen, og kroppen, og som hjelper oss å finne hva slags 'ego' vi har laget, slik at vi kan få makten til å seire over mørket og bli et åndelig menneske.

Troens Målestokk

Hva slags oppholdssted, kroner og belønninger blir forberedt for deg i himmelen? Denne boken gir deg visdom og veiledning slik at du kan måle din tro og kultivere den beste og mest modne troen.

Våkn Opp Israel

Hvorfor har Gud holdt øye med Israel helt fra verdens begynnelse og til denne dagen? Hva slags forsyn har Han forberedt for Israel de siste dagene, de som venter på Messias?

Mitt Liv, Min Tro I & II

Den vakreste åndelige duften fra livet som blomstret sammen med en uforlignelig kjærlighet for Gud, midt i de mørke bølgene, kalde åkene og de dypeste fortvilelsene

Guds Makt

Dette er noe som en må lese og som gir oss en nødvendig veiledning hvor en kan ha sann tro og erfare Guds vidunderlige makt